U0047915

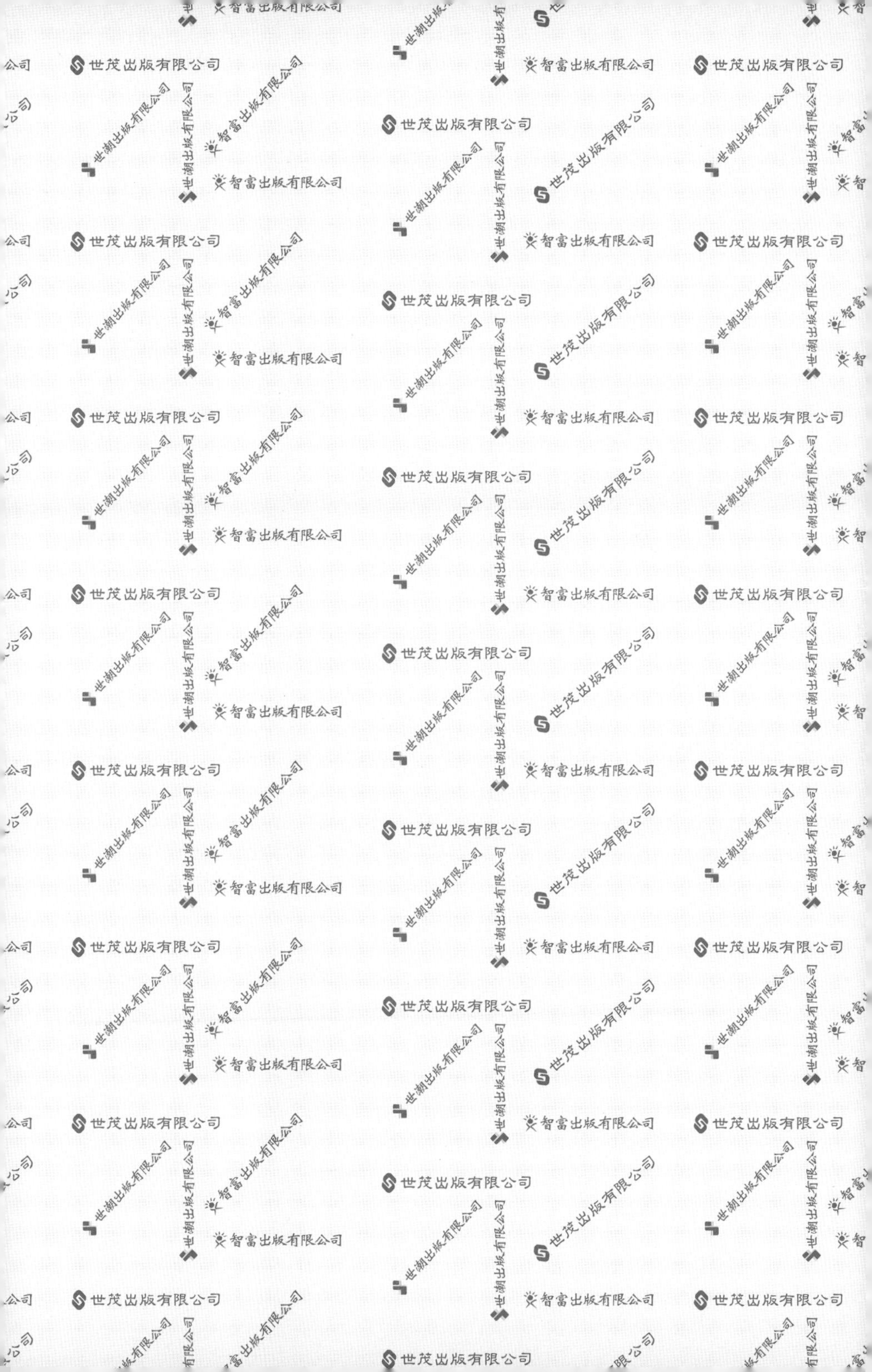

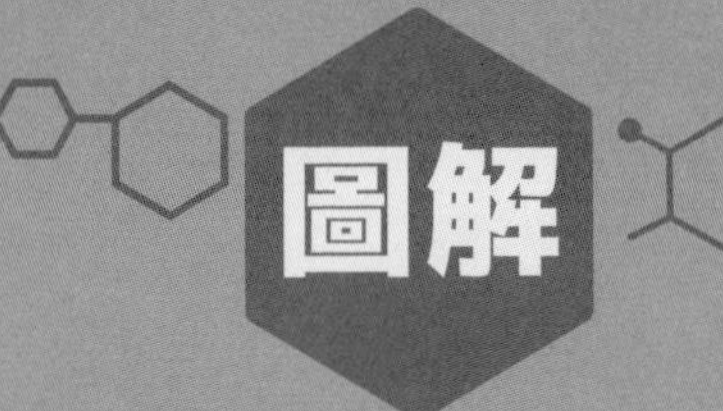

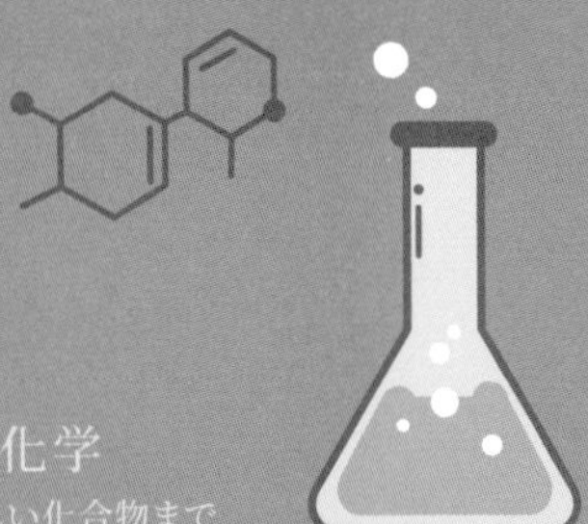

マンガでわかる有機化学
結合と反応のふしぎから環境にやさしい化合物まで

高中生必學有機化學

齋藤勝裕——著　李漢庭——譯
臺灣大學化學系名譽教授 劉廣定——審定

出場人物介紹

公主

為了考取魔法化學國家考試而用功讀書中。

化學老師

受聘到宅邸中的家教老師，任務就是讓公主考取。

富澤

宅邸管家，
負責照顧公主。

內文編排・美術指導：Kuni Media 有限公司
內文插圖・漫畫：保田正和
※本書原名為《3 小時讀通有機化學》。

前言

感謝各位閱讀拙作《圖解高中生必學有機化學》。本書內容正如標題，隨著漫畫與內文，讀者將能自然了解有機化學。漫畫的閱讀是輕鬆又愉快，所以本書的有機化學自然也是會輕鬆又愉快，至少不像高中那時候，老師會恐嚇學生「要是這裡不懂就考不上大學啦！」害得學生憂心忡忡露出苦瓜臉。

請各位把本書看成漫畫週刊的連載，輕鬆翻閱右邊頁面的漫畫篇幅。只要持續看到最後一頁，你所獲得的有機化學知識，肯定足以對他人炫耀。有了這些知識，你也將能夠解決日常生活中大部分的有機化學問題。

如果時間充裕，或是覺得內容很有趣，不妨再細讀左邊頁面的文字。左頁文章內容簡短而條理分明，每隔幾行就分一段，功能在於解釋右邊頁面的漫畫。如此一來，漫畫搭配文章解說，可以讓你獲得超越課本的知識。

本書強烈希望讀者可以輕鬆又愉快地享受有機化學的尖端知識，相信各位讀者看完本書，一定會開心地覺得「我看了一本好書！」

大家常說「有機化學要靠死背」，這是騙人的，有機化學完全不須要死背。無論做什麼學問，不了解基礎專有名詞，就沒辦法學下去，所以多少要背誦。任何學問都有其基礎，就像數學的1234，英文的abcd，國語的ㄅㄆㄇㄈ一樣，但沒有人認為數學需要「死背」吧。

有機化學也一樣，只要知道基礎，就能導出建立在基礎上的推論。從這點來看，有機化學是非常有理論性的體系。有機化學最棒的地方，就是它同時包含理論與藝術。有機化學不一定適合理論高手來讀，當然理論高手也不會讀得太差，但是一流的有機化學家應該都是「藝術家」，這就是有機化學跟其他科學的不同點。

有機化學的最終要求，就是「品味」。不只是理論，也不只是知識，而是要有品味。美術的、藝術的品味。是靈感，也是一種感覺。

如果各位看到有機化學論文，應該會被大量的圖片嚇到。圖形就是有機化學的語言，它們也被稱為化學式，但不像高中化學那樣，一堆赤裸裸的化學符號粗魯地擠在一起。真正的化學式是整齊的幾何圖形，有如抽象畫一般迷人。

因此，想介紹如此具有繪畫性、藝術性的有機化學，漫畫當然是首選。你甚至會懷疑，既然是這麼好的工具，為什麼從來沒被用在其他主題？請別預設立場，認為漫畫是低等讀物，漫畫的表達能力可能比化學式更強。

學習原本就該愉快的學，至少不要學得很痛苦。但是除了翻閱本書的各位讀者之外，喜歡讀書的人其實不算多。怎麼會這樣？或許是目前的教育體系、教科書、參考書還不夠用心吧。

我有個小小的野心，那就是讓本書成為打破現狀的導火線。如果各位能夠藉由本書初步實際體會有機化學的奧妙，進而想多看一兩本有機化學的書，就是我最大的快樂。

最後，我由衷感謝對本書出版貢獻良多的 sciencei 編輯部石 周子小姐，以及繪製漫畫的保田正和先生。

齋藤勝裕

CONTENTS

C
C
C
H

CONTENTS

原子構造與化學鍵結

有機化學主要涉及的領域，是含碳的有機化合物分子，無論何種分子，都是由原子所構成。所以想要了解分子的構造、性質、反應特性，必須先了解原子的性質。

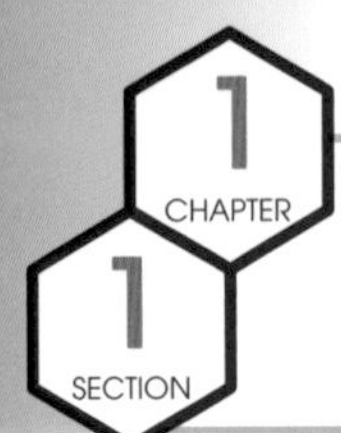

什麼是原子？

① 原子的大小與形狀

所有物質都由原子所構成，有機化合物也一樣。雖然沒有人實際看過原子，但是科學家認為原子長得應該像一顆雲霧狀的球。

原子非常的小，如果把原子放大成乒乓球，放大倍率相當於將乒乓球放大成地球。

② 構成原子的要素

原子中的雲霧部份稱為**電子雲**，由多個**電子**（符號為 e）所組成。電子帶有負電，規定一個電子的電荷量為 −1。所以由 Z 個電子所構成的電子雲，就帶有 −Z 的電荷。

電子雲正中央稱為**原子核**，有小而密度高的粒子。原子核帶正電。當某原子之原子雲的電荷為 −Z，其原子核的電荷就會是＋ Z，所以整個原子呈現電中性。

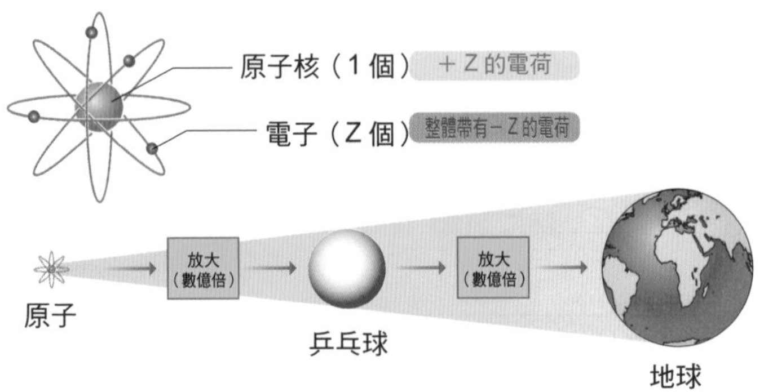

有機化學就是要學**有機化合物**。
準備好了嗎，公主？

好了~
捲捲

有機化合物，就是碳、氫等**幾種特定原子**連接而成的分子。
原子種類並不多。
甲烷 CH_4
變化的重點是，它們**怎麼連接在一起**？
走去
走來

所以在第一章，
我們先來學學為什麼**原子能夠連結在一起**吧。
哈~囉
哈~囉

先從原子的結構開始……

……已經**睡著了**！

電子會進入電子殼層

① 電子殼層是電子的家

氫原子只有 1 個電子，而碳、氮、氧分別有 6、7、8 個電子，愈大的原子會有愈多個電子，這些電子並不是隨意聚集在原子核周圍而已。

所有電子都像領了劃位票，乖乖坐在指定位置。可以容納電子的位置稱為**電子殼層**。電子殼層像是多層的球，在原子核外圍形成一層一層的構造。每個電子殼層都有名稱，從最接近原子核的殼層開始，依序為 K 殼層、L 殼層、M 殼層、N 殼層、O 殼層、P 殼層、Q 殼層。

② 主量子數決定殼層電子數

電子殼層可容納之電子數是固定的，分別為 K 殼層（2 個），L 殼層（8 個），M 殼層（18 個），N 殼層（32 個）……等等。假設 n 為整數，殼層電子數就是 $2n^2$。n 代表殼層層數，分別是 K 殼層（1），L 殼層（2），M 殼層（3），這個數字通稱為**主量子數**。主量子數是決定原子與分子性質的重要數字。

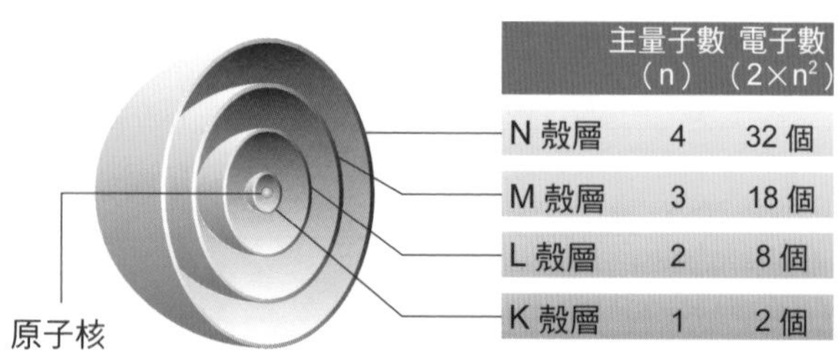

	主量子數（n）	電子數（$2\times n^2$）
N 殼層	4	32 個
M 殼層	3	18 個
L 殼層	2	8 個
K 殼層	1	2 個

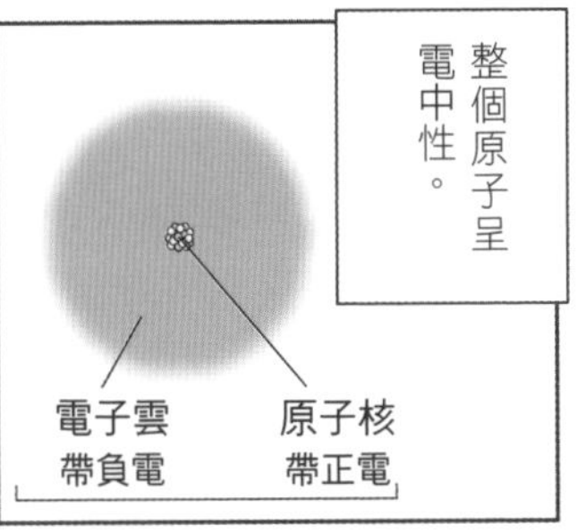
整個原子呈電中性。
原子核
帶正電
電子雲
帶負電

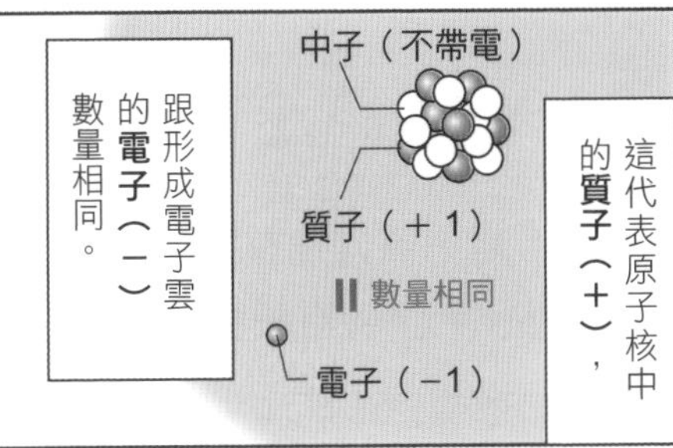
這代表原子核中的**質子**（＋），
中子（不帶電）
質子（＋1）
數量相同
電子（－1）
跟形成電子雲的**電子**（－）數量相同。

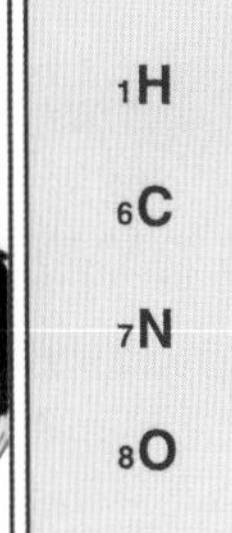
而每個原子所具有的質子數量
就以**原子序**來表示。
1H
6C
7N
8O

請公主回答，
如果是原子序6的碳，

它的**電子數**有多少？

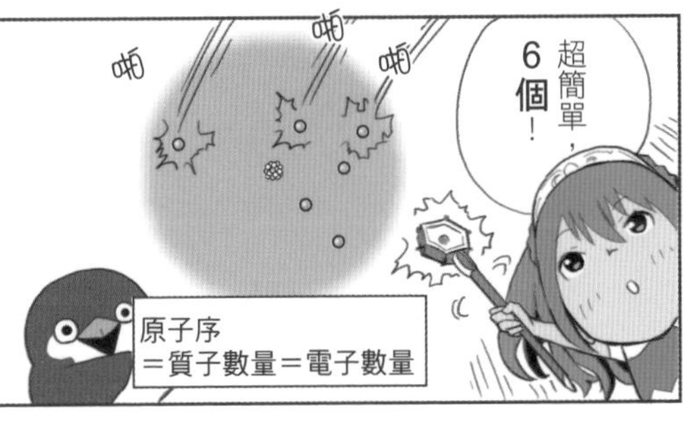
超簡單，**6個**！
啪
啪
啪
原子序
＝質子數量＝電子數量

沒錯，不過還有更重要的事情。

電子除了數量固定，連居住位置也固定。
擠得滿滿
這就是電子殼層。
耶～？好麻煩喔～
啊？

電子也有住址

① 電子的住房規則

電子想進住電子殼層必須遵守規則。就像飯店住房、租賃公寓一樣。規則就是從最靠近原子核的殼層開始入住，並且要遵守名額。

各個電子殼層如何容納電子的狀態，稱為**電子組態**。

② 電子組態

下圖表示較小原子的電子組態。氫只有 1 個電子，所以電子要進入 K 殼層。氦 He 有 2 個電子，K 殼層的名額是兩個，所以 2 個電子都會入住 K 殼層，於是 K 殼層就住滿了。

當電子殼層住滿電子，稱為**封閉電子殼層構造**，性質特別安定。相對地，像氫原子這樣殼層名額未滿的的構造，稱為**開放殼層構造**。

本書的主角碳原子有 6 個電子，K 殼層住 2 個，L 殼層住 4 個，屬於開放殼層構造。以氖 Ne 來說，K 殼層與 L 殼層都會住滿，則屬於封閉電子殼層構造。

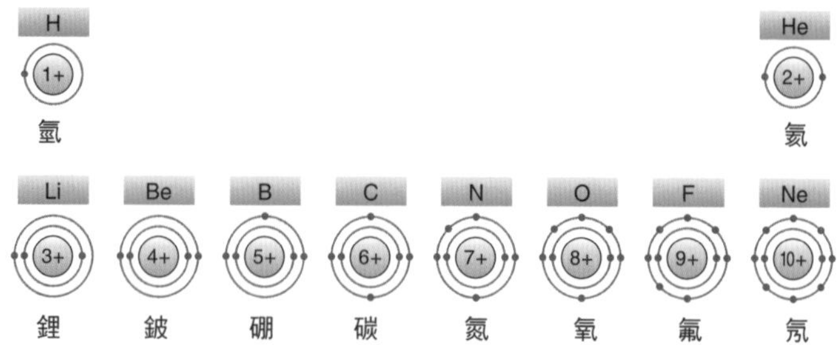

碳原子的6個電子，實際上如何進入殼層中呢？
公主，請幫我個忙。
好～～

電子從內側殼層開始依序進住。
K 殼層
名額滿了之後，就往外住進下一個電子殼層。
L 殼層
這樣就放下全部6個電子了。
這就是碳的正確電子組態。

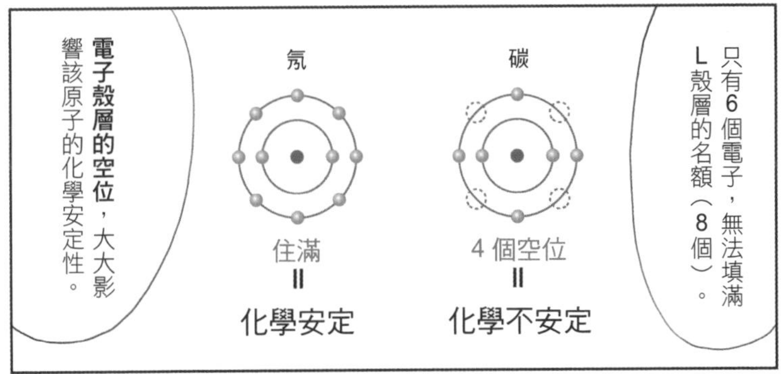
只有6個電子，無法填滿L殼層的名額（8個）。
碳
4 個空位
II
化學不安定
氖
住滿
II
化學安定
電子殼層的空位，大大影響該原子的化學安定性。

電子殼層的「空位」
下一節的主題就是它了。
噗呼
噗呼
公主！您要起電子真是太漂亮了！

什麼是離子？

① 正離子（也稱為陽離子）

具有封閉電子殼層構造的原子，安定性特別高。因此，原子為了達成封閉電子殼層構造，會釋放電子或吸收電子。

譬如，鋰 Li 釋放 L 殼層的電子，就會形成氦 He 的封閉電子殼層構造。當 Li 放出一個電子，電子雲就只剩兩個電子，電荷為 −2。由於 Li 原子核的電荷為＋ 3，整個原子變成帶有＋ 1 的電荷。像這種原子正電荷過剩的狀態，稱為**正離子**（cation）。Li 的正離子標示為 Li^+。

同樣道理，鈉 Na 也會成為正離子 Na^+。

② 負離子（也稱為陰離子）

氟 F 的 L 殼層入住 7 個電子。只差一個就成為滿額 8 個，成為封閉電子殼層構造，與氖相同。所以 F 會設法吸收一個電子，成為 F^-，這種原子狀態稱為**負離子**（anion）。

同樣地，氧 O 只要增加 2 個電子就會成為封閉電子殼層構造，所以有成為二價陰離子 O^{2-} 的傾向。

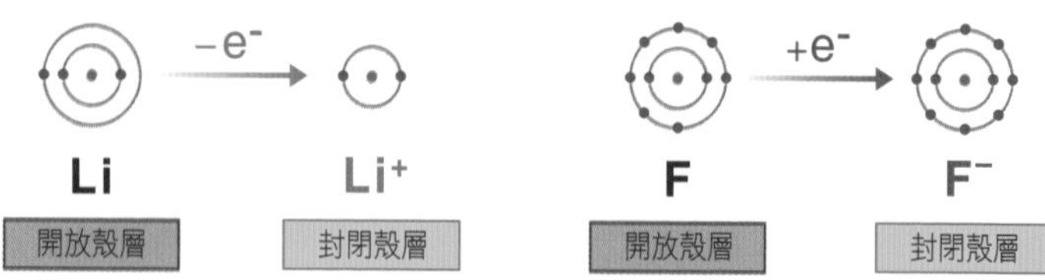

※本書中文版之「正離子」、「負離子」、化合物等，是依照〈國立編譯館〉化學命名原則所修訂。

電子殼層有空位的原子，通常有活潑的化學反應性。

不安定性
＝
高度反應性
＝
會跟其他原子交換電子

這是為了調整電子數量，達成**封閉電子殼層構造**。

以鋰為例，成為正離子的情形。

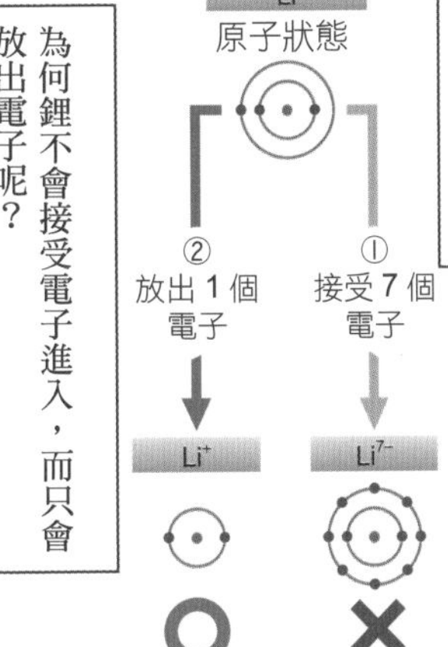

為何鋰不會接受電子進入，而只會放出電子呢？

聽過電負度這個名詞嗎？

① 電負度

原子有兩種，一種會接受電子成為負離子，另一種會釋放電子變成正離子。

原子吸引電子成為負離子的強度，經過數值化，稱為**電負度**。原子的電負度愈大，愈容易吸引電子成為負離子。

② 電負度的順序

週期表可以顯示電負度的大小。惰性氣體除外，週期表中，愈往右方，愈往上方的元素，電負度愈大，愈容易成為負離子。

根據週期表，與有機化學有關的原子中，吸引電子的強度順序如下。

$$\mathrm{Na} < \mathrm{Li} < \mathrm{H} < \mathrm{C} < \mathrm{N} = \mathrm{Cl} < \mathrm{O} < \mathrm{F}$$

從上面可以看見，碳吸引電子的力量較小。除了鋰 Li、鈉 Na 等金屬原子，在非金屬原子中，電子吸引力比碳小的就只有氫了。

記住這個順序，對你會很有幫助。

H 2.1							He –
Li 1.0	Be 1.5	B 2.0	C 2.5	N 3.0	O 3.5	F 4.0	Ne –
Na 0.9	Mg 1.2	Al 1.5	Si 1.8	P 2.1	S 2.5	Cl 3.0	Ar –
K 0.8	Ca 1.0	Sc 1.3	Ge 1.8	As 2.0	Se 2.4	Br 2.8	Kr –

全面九折
便利商店很方便吧，公主。
超愛的～
剛好可以轉換心情啊。
我還知道另外一個很方便的東西喔。

霜淇淋機？

是電負度。

只要稍微記一下電負度順序，
就可以成為參考化學反應的強度，
預測鍵結方式，
舔
舔

還可以知道分子哪一方會帶負電，

還有還有……！
……之類的！

心情得到轉換了吧。

分子・分子式・分子量的關聯？

① 分子與分子式

分子，是由兩個或多個原子所構成的結構體。有好幾種符號系統可以表示分子結構的狀態，分別是分子式、分子量、結構式。其中結構式稍後會另做說明。

分子式是用來表示構成分子的原子種類與數目。水的分子式是 H_2O，代表水由兩個氫 H 和一個氧 O 所構成。

苯 C_6H_6，表示由六個 C 和六個 H 構成。數字不能省略寫成 CH。

② 分子式與分子量

分子量是表示分子質量的重要指標，代表構成分子的所有原子的原子量總和。如果是水 H_2O，分子量就是 1（H 的原子量）×2 + 16（O 的原子量）= 18。苯 C_6H_6 就是 12（C 的原子量）×6 + 1×6 = 78。

一莫耳（mole）分子的質量，就等於分子量的數值，以公克（g）為單位。所以一莫耳的水有 18g，一莫耳的苯有 78 公克。而所有氣體的一莫耳體積都是 22.4L，所以氣態水、氣態苯一莫耳 22.4L 的質量分別是 18g、78g。

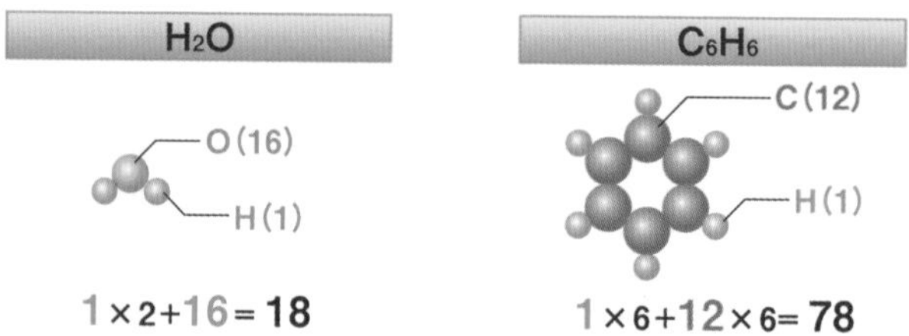

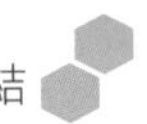

每個原子的原子量如左邊圖表所示。

	氫（H）	碳（C）	氮（N）	氧（O）
質子數量	1	6	7	8
中子數量	0	6	7	8
原子量※	**1**	**12**	**14**	**16**

※僅表示整數部分

表中數據來自於質子數與中子數的和（**質量數**）。

一個原子非常的小，

所以聚集了一定數量之後才成為一個單位，

這個單位就是「**莫耳**」。

1莫耳（mol）＝6.02×10^{23}個

原子量・分子量加上公克（g）＝1莫耳的質量

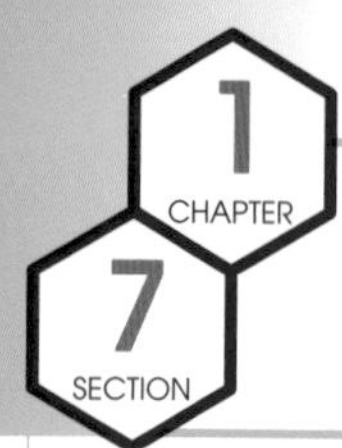

鍵是不是有很多種？

① 各種鍵結

化學鍵有許多種類。下表中例舉出代表性的化學鍵，以及化學鍵所形成的分子。

典型的化學鍵有金屬鍵、離子鍵、共價鍵，是原子與原子之間結合的力量。也有分子之間的化學鍵，稱為**分子間的作用力**。常見的分子間的作用力有連接水分子的氫鍵，以及連接電中性分子的凡得瓦力。

② 共價鍵

形成有機化合物的鍵結，幾乎都是**共價鍵**。共價鍵是複雜的鍵結，可以分成**單鍵**、**雙鍵**、**三鍵**等等。

單鍵也稱為**飽和鍵**，雙鍵與三鍵則稱為**不飽和鍵**。兩個雙鍵以一個單鍵連接的稱為**共軛雙鍵**。芳香族化合物含有共軛雙鍵。

<table>
<tr><th></th><th colspan="3">鍵結</th><th>範例</th></tr>
<tr><td rowspan="6">原子鍵</td><td colspan="3">金屬鍵</td><td>鐵 Fe、金 Au</td></tr>
<tr><td colspan="3">離子鍵</td><td>氯化鈉 NaCl</td></tr>
<tr><td rowspan="4">共價鍵</td><td>飽和鍵</td><td>單鍵</td><td>H_3C-CH_3</td></tr>
<tr><td rowspan="3">不飽和鍵</td><td>雙鍵</td><td>$H_2C=CH_2$</td></tr>
<tr><td>三鍵</td><td>$HC\equiv CH$</td></tr>
<tr><td>共軛雙鍵</td><td>$H_2C=CH-CH=CH_2$</td></tr>
<tr><td rowspan="2">分子間作用力</td><td colspan="3">氫鍵</td><td>水 H_2O</td></tr>
<tr><td colspan="3">凡得瓦力</td><td>氦 He</td></tr>
</table>

金屬鍵：金屬原子藉由自由電子而結合（金屬元素與金屬元素鍵結）

離子鍵：離子化的原子藉由靜電吸引力而結合（電負度相差大的金屬元素與非金屬元素鍵結）

共價鍵：共用電子對的鍵結（非金屬元素與非金屬元素鍵結；電負度相差不大的金屬元素與非金屬元素鍵結）

	標示法	電子狀態
單鍵	A−B	A ·· B
雙鍵	A=B	A :: B
三鍵	A≡B	A ⁝⁝ B

共價鍵？

化學鍵是否有強弱？

① 鍵長

萬有引力強弱與質量有關，此原則對一切物質都適用。但是化學鍵的強弱，除依連結的原子種類不同而異，也會依鍵結種類而有所不同。

測量鍵結強弱的其中一項標準是**鍵長**。強的鍵結可以穩固地連結原子，使原子間的距離比較短。如下表所示，碳－碳之間的鍵長，依序是單鍵＞雙鍵＞三鍵。

② 鍵能

另一個表示鍵結強度的標準是**鍵能**。鍵能指的是切斷化學鍵所需的能量。能量愈大，化學鍵愈強。因此可知分子間的作用力其實很弱。

分子	H−H	O=O	H_3C-CH_3	$H_2C=CH_2$	HC≡CH
距離（Å）	0.74	1.24	1.54	1.34	1.20

1Å=10^{-10}m

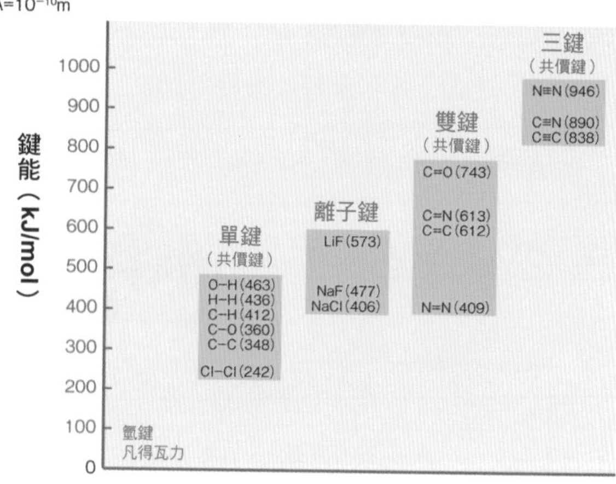

譯註：毛利先生曾經拿箭給兒子們折斷，愈多枝愈難折斷的故事。

價電子形成的共價鍵

① 價電子雲

共價鍵是一種叫做**價電子雲**的模糊鍵結。要鍵結的兩個原子各拿出一個電子，這兩個電子形成模糊的價電子雲，彼此共用電子的意思。

下圖表示氫分子鍵結狀態。帶正電的原子核之間，有帶負電的價電子雲。正負電荷之間會產生靜電吸引力。於是兩個原子核就由模糊的價電子雲重疊在一起。

② 共價鍵數量

共價鍵就像原子之間的握手。握手的時候各出一隻手（電子），用來鍵結的電子稱為**價電子**。

共價鍵不一定只有一條，原子種類會決定共價鍵的數量。比方說氫有一條，氧 O 有兩條，氮 N 有三條，碳 C 有四條。所以氧、氮、碳分別可以形成 2、3、4 條共價鍵。

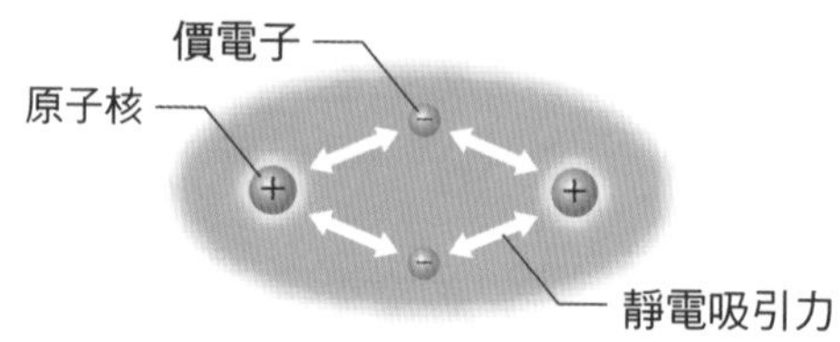

我要再重複一次，開放電子殼層構造的原子並不安定。

氫　碳　氮　氧

所以會想變成**封閉殼層**構造對吧！

這是氫原子之間共價鍵的狀態。

價電子

彼此共用兩個電子，使**兩個氫原子都成為封閉電子殼層**構造。

這就叫做單鍵對吧！

其實如果更仔細研究，

就知道電子殼層還分成好幾條**軌域**。

每條軌域各會收容兩個電子，但是也有不成對的電子，

叫做**未成對電子**。

氧的電子組態

L 殼層	2p	●● ● ●（未成對電子）	四條軌域
	2s	●●	
K 殼層	1s	●●	…… 一條軌域

氧原子有兩個未成對電子喔。

未成對電子會被拿來當做價電子。

價電子
＝
原子中用來鍵結的未成對電子

互相提供未成對電子，共用鍵結。這就是共價鍵。

那就是共價鍵對吧！

我看妳一定在睡覺吧。

分子如何鍵結？

① 相同原子的鍵結

最簡單的分子就是氫分子 H_2。兩個氫分子各出一個電子來鍵結，這種鍵結稱為**單鍵**。氧分子 O_2 是兩個氧原子各出兩個電子，形成共價鍵，這種鍵結稱為**雙鍵**。同樣地，有三個價電子的氮形成氮分子 N_2，就擁有三鍵。

② 不同原子的鍵結

氧有兩個價電子，氫有一個，所以兩者要鍵結的時候，一個氧要配兩個氫，形成水分子 H_2O。同樣地，三個價電子的氮要跟三個氫鍵結而變成氨 NH_3。四個價電子的碳，會形成甲烷 CH_4。甲烷是最簡單的有機分子，也是一切有機分子的基礎。

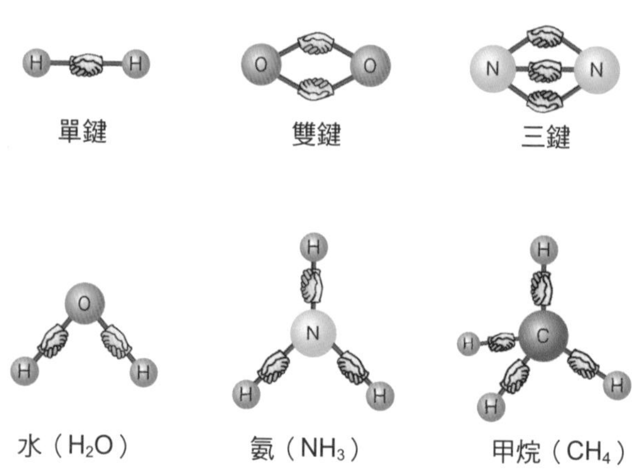

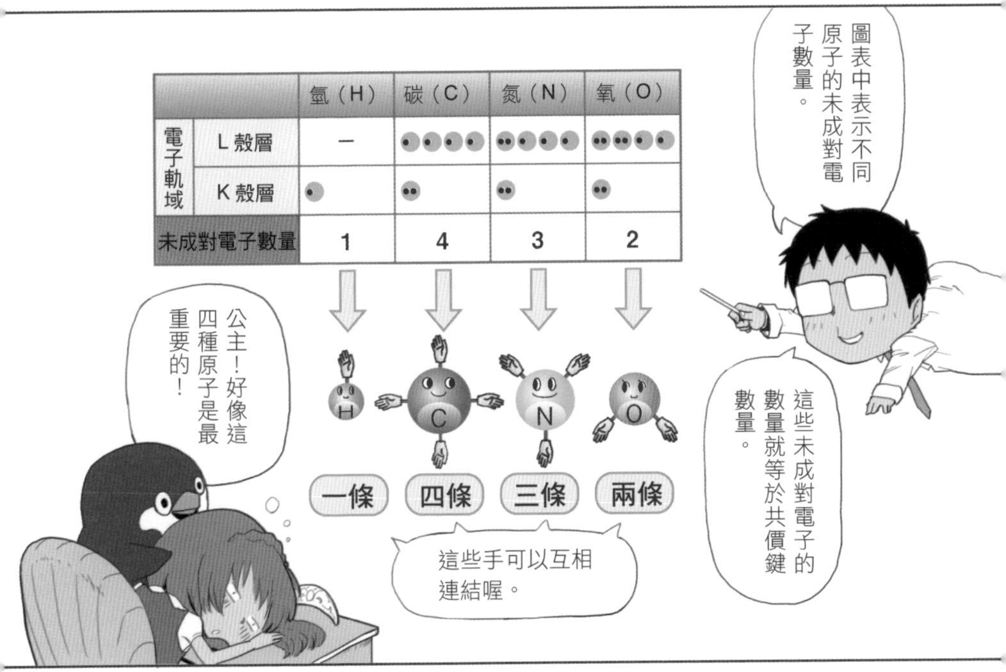

圖表中表示不同原子的未成對電子數量。

		氫（H）	碳（C）	氮（N）	氧（O）
電子軌域	L 殼層	－	● ● ● ●	●● ● ● ●	●● ●● ● ●
	K 殼層	●	●●	●●	●●
未成對電子數量		1	4	3	2

一條　四條　三條　兩條

這些未成對電子的數量就等於共價鍵數量。

這些手可以互相連結喔。

公主！好像這四種原子是最重要的！

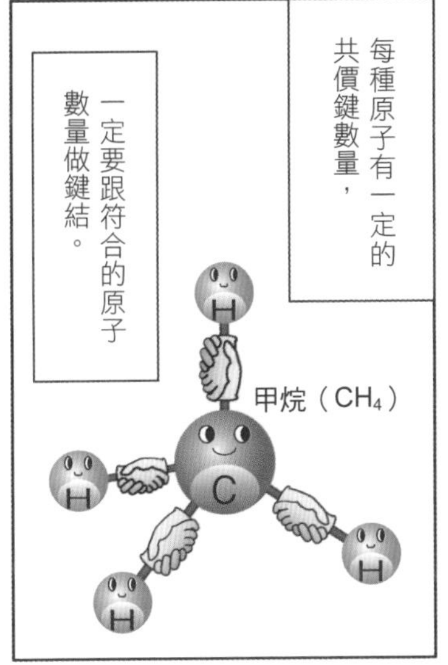

分子　化合物　單質　同素異形體

有許多名詞術語跟「分子」具有類似意義，像是化合物、同素異構物、單質，以及有機化合物、有機物等等。這些術語的差別何在？在這裡歸納整理一下。

從下圖便可一目瞭然。所有由原子鍵結而成的都算分子。其中含有兩種以上原子的，特別稱為**化合物**。例如水（H_2O，氫與氧）和甲烷（CH_4，碳與氫）都是化合物。

相較之下，只有一種原子所構成的分子就稱為**單質**。例如氫分子（H_2）與氧分子（O_2）都是單質。碳的單質有很多種。像鑽石、石墨、芙（C_{60} 俗名富勒烯或巴克球）、奈米碳管等等。像這些都由同一種元素構成的單質，稱為**同素異形體**。

所以「單質」指的是「特定分子」，「同素異形體」是表示「單質」之間的關係。另外「有機化合物」通常跟「有機物」混用，但是有機物並不一定是單一分子，而是多種有機分子的聚合體。

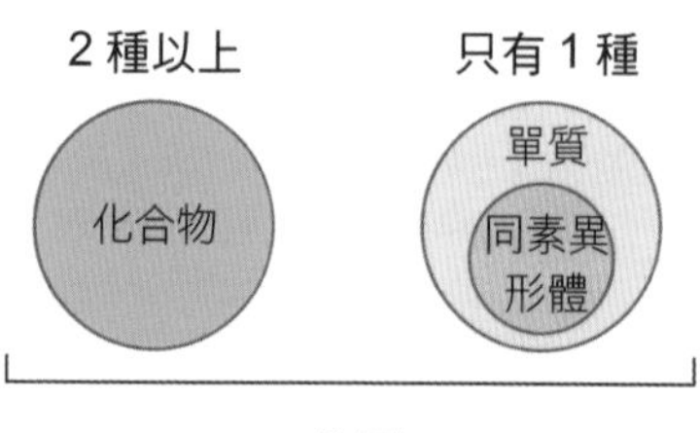

有機化合物的鍵結與構造

有機物主要是由碳和氫構成的化合物，其他還包含氧和氮等，有機物就是這些原子以共價鍵結合而成的化學結構。因此，想要了解有機物的性質與反應，必須先了解鍵結與結構。

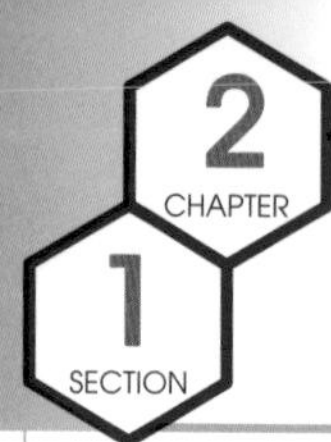

碳如何鍵結？

① 碳的鍵結狀態

碳有四條共價鍵，彼此相隔一定角度，從原子核往外延伸。共價鍵延伸的方向長得就像海邊的消波塊一樣。

四條共價鍵彼此夾 109.5 度角，四條共價鍵的頂點連接起來，就是一個正四面體。這個角度會決定有機化合物的形態。

② 有機物的種類與鍵結

通常有機物包含的原子種類並不多，只有碳 C、氫 H、氧 O、氮 N 等等。有機物的基礎是碳氫化合物，包括 C 和 H 兩種原子。然而有機物的種類卻無窮無盡。這有很多理由，其中一個就是因為碳原子可以互相鍵結，也就是說，碳鏈要多長就有多長，例如聚乙烯可以串聯到一萬個碳以上。而且碳的鍵結又有單鍵、雙鍵等許多種類，也是有機物種類無窮無盡的理由之一。

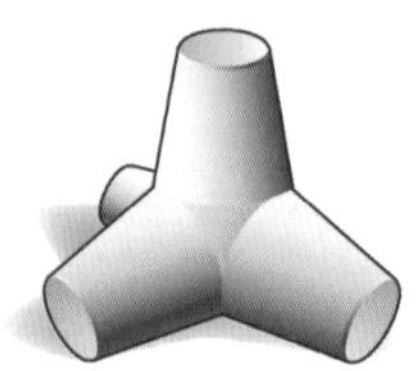

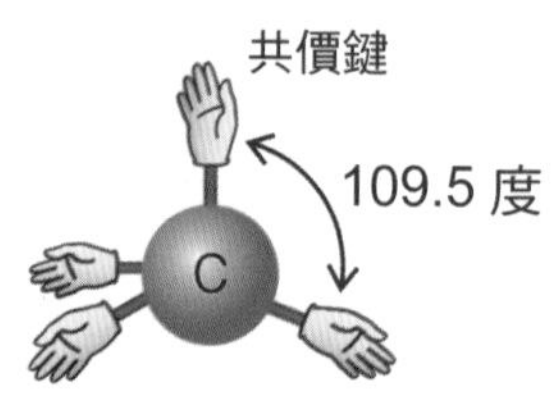

第2章要看有機化合物的鍵結方式。
讓我們來研究一下。

關鍵就在於碳。

碳有四條共價鍵，
①可以同時與四個原子鍵結。
但是碳的優點不只如此而已。

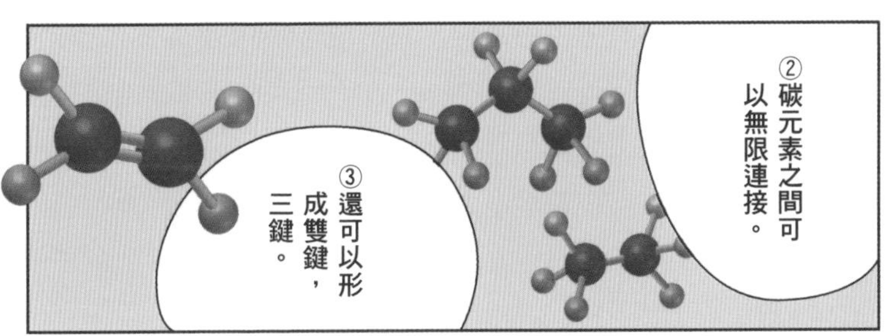
②碳元素之間可以無限連接。
③還可以形成雙鍵，三鍵。

碳原子能夠形成各種鍵結，以碳原子為骨架的化合物，
統稱為
有機化合物
正是如此。

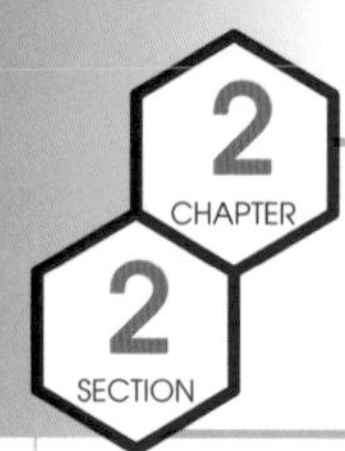

甲烷的形狀是角錐形

① 甲烷的構造

甲烷 CH_4 是最小的有機物，也是一切有機物的基本分子。碳的四個共價鍵突出為四角錐形，分別連接一個氫。所以甲烷分子呈現四角錐型，也可說是正四面體。

甲烷是天然氣的主要成份，也是家用瓦斯的主要成份。

② 乙烷的構造

乙烷 C_2H_6 的兩個碳原子，彼此各使用一個共價鍵做成單鍵。兩個碳各剩下三個共價鍵，各結合三個氫。

下圖表示甲烷、乙烷的 3D 圖型。這個圖以立體視覺法繪製而成，請拿遠一點看，如果將兩個影像重疊，便可產生立體視覺。

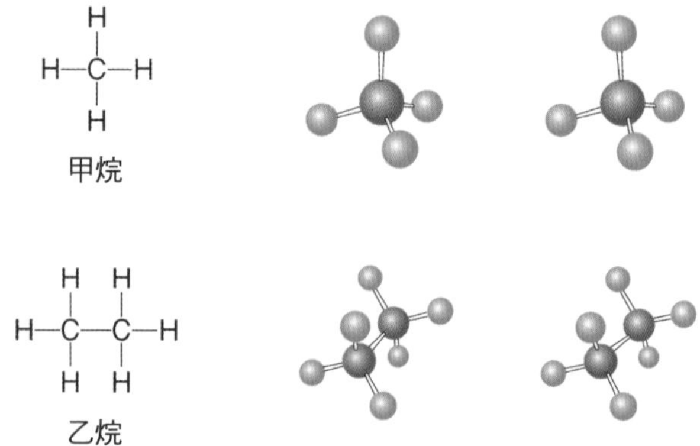

什麼是最小的有機物呢？
答案是**甲烷**。

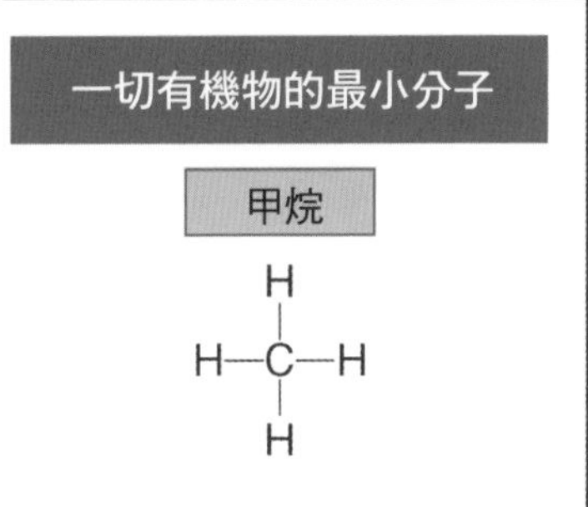

一切有機物的最小分子
甲烷
H
H—C—H
H

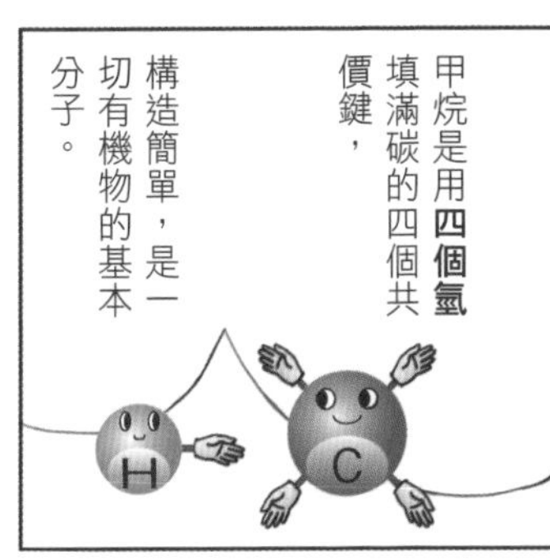

甲烷是用**四個氫**填滿碳的四個共價鍵，
構造簡單，是一切有機物的基本分子。
H
C

前面我們看過，
碳與碳可以互相鍵結。

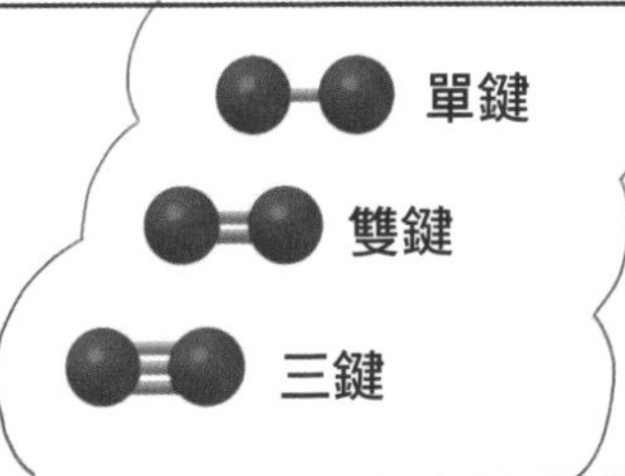

單鍵
雙鍵
三鍵

所以乙烷也一樣，**用氫填滿碳剩下的共價鍵**，就成為最小分子。
乙烷稍微大一點喔？

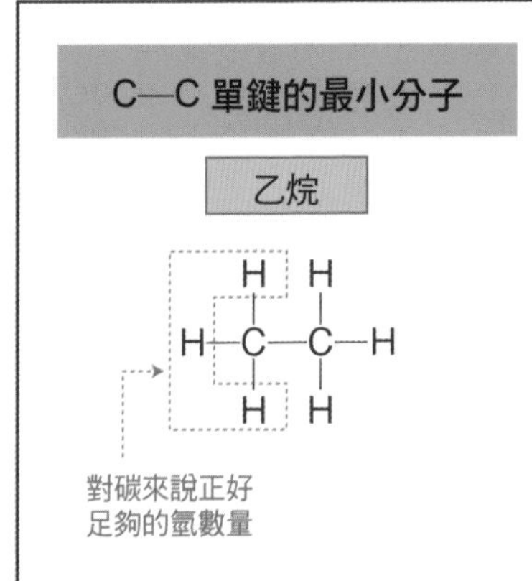

C—C 單鍵的最小分子
乙烷
H H
H—C—C—H
H H
對碳來說正好足夠的氫數量

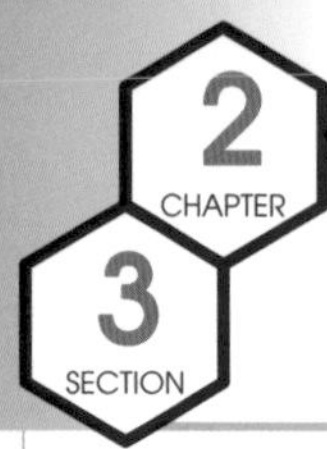

乙烯是平面分子

① 乙烯的構造

乙烯 C_2H_4 是包含碳碳雙鍵 C = C 的分子中最小的一種。從這點來看，乙烯跟甲烷一樣是有機物的基礎化合物。兩個碳分別拿出四個共價鍵中的兩個，形成鍵結，這種鍵結稱為**雙鍵**。

兩個碳各剩下兩個共價鍵，總共與四個氫結合，使乙烯成為平面型分子，六個原子全都排列在相同平面上。各原子間的角度幾乎都是 120 度。

② 乙炔的構造

乙炔 C_2H_2 含有一個三鍵，由兩個碳原子各提供三個共價鍵形成三鍵，剩下的原子就跟氫原子結合。

乙炔是 H—C—C—H 四個原子直線排列的分子。只要是三鍵，都會是四個原子排成一線。所以當乙炔跟小型環狀化合物結合，就會比較扭曲，分子也較不安定。

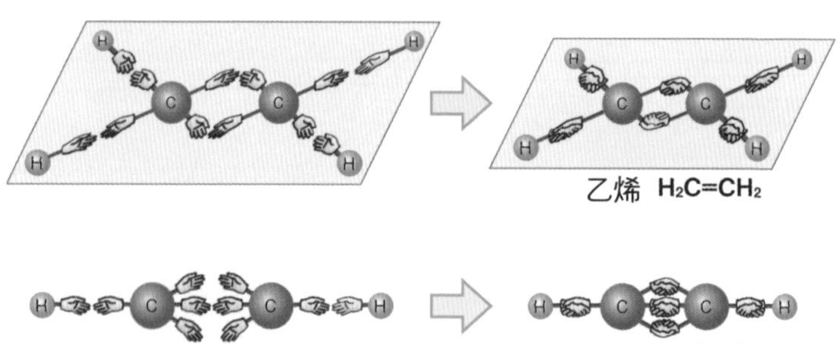

跟上一節的單鍵相同的原理，雙鍵、三鍵連接的碳，再連接上足夠的氫，
就成為雙鍵和三鍵的最小分子。

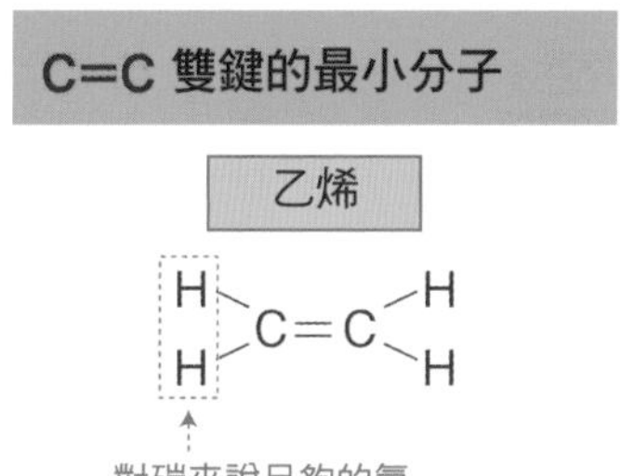
C=C 雙鍵的最小分子
乙烯
H H C=C H H
對碳來說足夠的氫

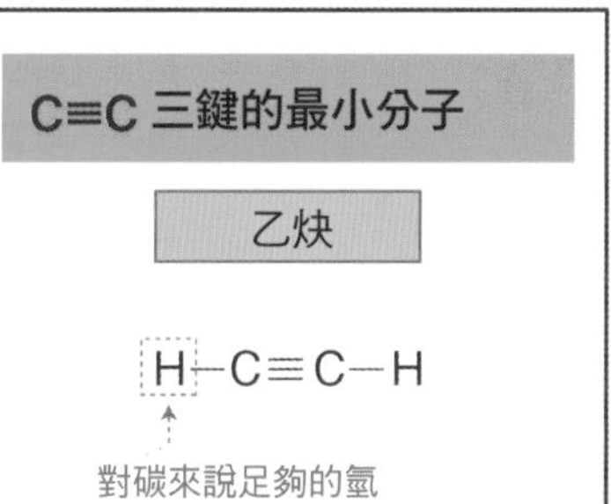
C≡C 三鍵的最小分子
乙炔
H−C≡C−H
對碳來說足夠的氫

碳小弟……
碳小弟跟碳小弟連接……
剩下的全都是小氫氫……
喔呵呵呵
？

結構式怎麼寫？

① 結構式的意義

表示分子三維立體構造的式子稱為**結構式**。氫的分子式寫成 H_2O，但是這樣看不出分子結構。可能是 H—H—O，也可能是 H—O—H。為了表明分子結構，必須標示原子的鍵結順序。標明原子鍵結順序的式子，就是結構式。

② 正確的結構式

下圖是甲烷的結構式。甲烷是三度空間的立體化合物。想要在二維平面上標示出甲烷構造，就得花點功夫，其中一道功夫就是鍵結的立體標示。

比方說使用三種線條，來表示碳與氫的鍵結，有實線、虛線、楔型線。實線鍵結代表與紙面平行，虛線表示從紙面遠離讀者，楔型線表示從紙面往讀者方向接近。

這種表現方式雖然很好懂，但是若要標示複雜分子，畫起來就較為麻煩。

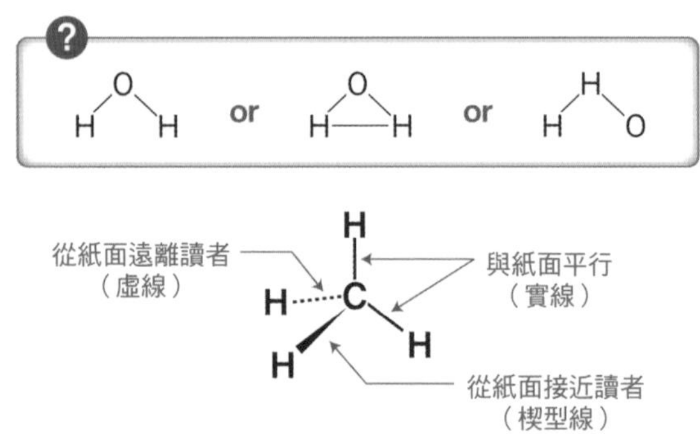

公主，接下來要說的是如何標示分子結構。
好～～

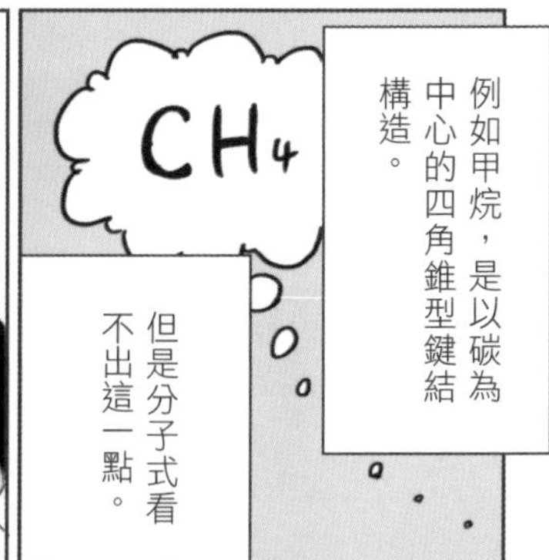

例如甲烷，是以碳為中心的四角錐型鍵結構造。
CH4
但是分子式看不出這一點。

左邊頁面的圖式可以標出最正確的甲烷構造。
咦？左邊頁面？
竟然有這樣另一個世界！
唰！

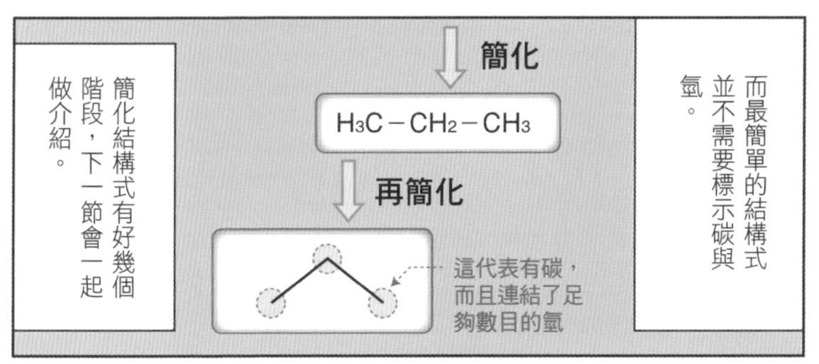

而最簡單的結構式並不需要標示碳與氫。
簡化
H3C－CH2－CH3
再簡化
這代表有碳，而且連結了足夠數目的氫
簡化結構式有好幾個階段，下一節會一起做介紹。

各位讀者，我們第6節見囉。
咦？讀者？
竟然有這些人！
嚇！

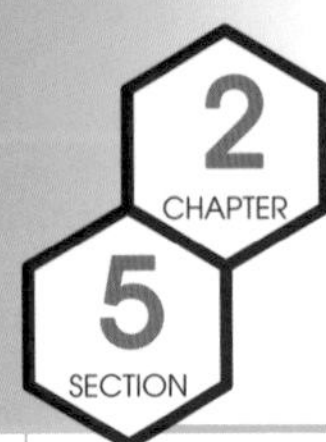

簡化化學結構

① 詳細的結構式

結構式的表現方法有許多種，右邊的圖表中整理出最主要的三種。第 1 欄是詳細的結構式。碳、氫、表示鍵結的直線，全都畫出來。雙鍵就用雙槓，三鍵就用三槓表示。

苯 C_6H_6 是環狀化合物，詳細的結構式畫法就用六個碳連接，單鍵與雙鍵交錯排列，各有三條。每個碳各連結一個氫。

② 簡化的結構式

第 1 欄的結構式寫得很清楚，一看就知道分子結構，但是分子結構比較複雜的時候，元素符號會互相重疊，讀寫就非常不方便。能不能畫得簡單一些？於是有人想出了第 2 欄的結構式。也就是將原子集團 H—C—H 寫成 CH_2。

③ 折線構成的結構式

第 3 欄是最簡化的結構式，實際上也是最常用的一種。這種結構式看不到元素符號，但是有一定的規則。

①直線的起點、終點、轉折點都有 C 存在

②每個 C 都有連結足夠的 H

根據這兩個規則，第 3 欄的結構式就能完全對應第 1 欄的結構式。也就是說，第 3 欄的折線結構式也能正確表現分子結構。

<table>
<tr><th rowspan="2">構造</th><th rowspan="2">分子式</th><th colspan="3">結構式</th></tr>
<tr><th>第 1 欄</th><th>第 2 欄</th><th>第 3 欄</th></tr>
<tr><td rowspan="5">烷類</td><td>CH_4</td><td>H
H−C−H
H</td><td>CH_4</td><td></td></tr>
<tr><td>C_2H_6</td><td>H H
H−C−C−H
H H</td><td>H_3C-CH_3</td><td></td></tr>
<tr><td>C_3H_8</td><td>H H H
H−C−C−C−H
H H H</td><td>$H_3C-CH_2-CH_3$</td><td></td></tr>
<tr><td rowspan="2">C_4H_{10}</td><td>H H H H
H−C−C−C−C−H
H H H H</td><td>$H_3C-CH_2-CH_2-CH_3$</td><td></td></tr>
<tr><td>H H H
H−C−C−C−H
H H
H−C−H
H</td><td>$H_3C-CH-CH_3$
CH_3</td><td></td></tr>
<tr><td>環烷類</td><td>C_3H_6</td><td>H H
C
H C−C H
H H</td><td>CH_2
H_2C-CH_2</td><td></td></tr>
<tr><td rowspan="2">烯類</td><td>C_2H_4</td><td>H H
C=C
H H</td><td>$H_2C=CH_2$</td><td></td></tr>
<tr><td>C_3H_6</td><td>H H
H C=C−C−H
H H</td><td>$H_2C=CH-CH_3$</td><td></td></tr>
<tr><td>炔類</td><td>C_2H_2</td><td>H−C≡C−H</td><td>HC≡CH</td><td></td></tr>
<tr><td rowspan="2">共軛化合物</td><td>C_4H_6</td><td>H H
H C=C−C=C H
H H</td><td>$H_2C=CH-CH=CH_2$</td><td></td></tr>
<tr><td>C_6H_6</td><td>H
H C C H
C C
H C C H
C
H</td><td>CH
HC CH
HC CH
CH</td><td></td></tr>
</table>

碳氫化合物的種類

① 鏈狀碳氫化合物

只由碳與氫構成的化合物稱為**碳氫化合物**。碳氫化合物是有機化合物的基本組成。碳氫化合物中，碳如果排列成直線狀，稱為**鏈狀碳氫化合物**。

僅由**單鍵**構成的碳氫化合物稱為**烷類**。單鍵又稱為**飽和鍵**，僅由單鍵構成的化合物可稱為**飽和化合物**。所以烷類就是飽和碳氫化合物。

含雙鍵或三鍵的碳氫化合物，分別稱為**烯類**、**炔類**。雙鍵與三鍵被稱為**不飽和鍵**，含有這些鍵的化合物稱為**不飽和化合物**。

② 環狀碳氫化合物

碳結合成環狀的碳氫化合物稱為**環狀碳氫化合物**。烷、烯、炔的環狀體分別稱為**環烷**、**環烯**、**環炔**。英文標示的字首會加上「cyclo」。

種類	分子式	範例		
烷	C_nH_{2n+2}	CH_4	CH_3-CH_3	$CH_3-(CH_2)_n-CH_3$
烯	C_nH_{2n}		$H_2C=CH_2$	$CH_3-CH=CH_2$
炔	C_nH_{2n-2}		$HC\equiv CH$	$CH_3-C\equiv CH$

環己烷
（環烷）

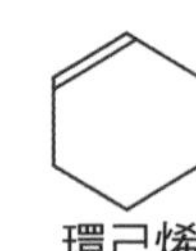
環己烯
（環烯）

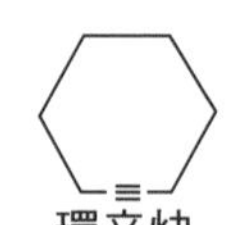
環辛炔
（環炔）

基本的碳氫化合物，根據鍵結方式可以分為**烷**、**烯**、**炔**三種。

何謂碳氫化合物

碳與氫構成的化合物

讓我們搭配第1章第7節的表來做個整理。

烷、烯、炔

			碳氫化合物名稱
共價鍵	飽和鍵	單鍵	烷
	不飽和鍵	雙鍵	烯
			⋮
		三鍵	炔
			⋮
		共軛雙鍵	共軛雙鍵（包含芳香族化合物）

（烷、烯、⋮、炔、⋮）基本的碳氫化合物

也就是說，只有單鍵的甲烷是最小的烷，有雙鍵的乙烯是最小的烯。有三鍵的乙炔是最小的炔。

	表示碳數量的字首
1	甲
2	乙
3	丙
4	丁
5	戊
6	己
7	庚
8	辛
9	壬
10	癸
11	十一
12	十二
⋮	⋮

烷類的字尾都有「烷」→ 例：戊烷 C_5H_{12} 有五個碳的烷

烯類的字尾都有「烯」→ 例：己烯 C_6H_{12} 有六個碳的烯

炔類的字尾都有「炔」→ 例：戊炔 C_5H_8 有五個碳的炔；例：壬炔 C_9H_{16} 有九個碳的炔

※有些化合物有慣用俗稱，便不適用此規則。

順便提一下，了解化合物的命名原則會很方便喔。

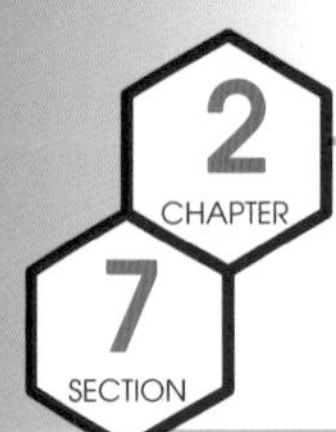

什麼是共軛化合物？

① 共軛雙鍵

單鍵與雙鍵相隔並列，則這些雙鍵就稱為**共軛雙鍵**。若化合物含不只一個雙鍵而具有共軛雙鍵的化合物，通稱為**共軛化合物**。

共軛雙鍵的性質和一般的雙鍵有些不同，因此共軛化合物有特殊的性質與反應性。

② 苯與芳香族化合物

首尾相連環狀的共軛化合物，環中含有奇數個雙鍵，稱為**芳香族化合物**。苯就是典型的芳香族。一般來說，芳香族化合物比較安定，缺乏反應性。許多有機化合物都含有芳香族化合物的結構。

共軛化合物

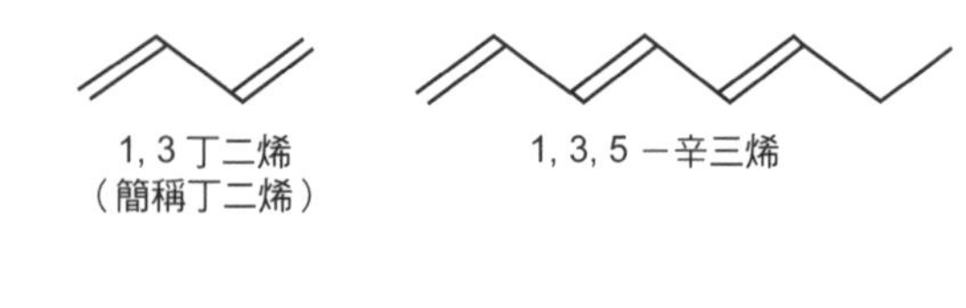

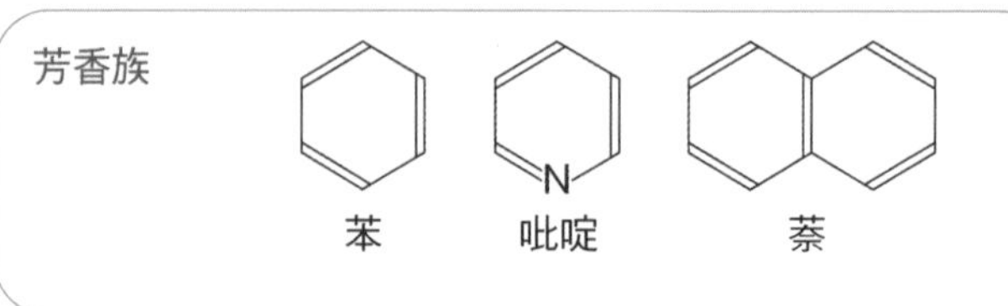

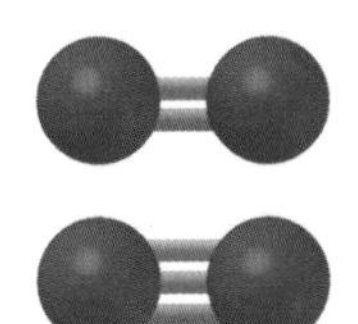
上一節提到，碳氫化合物的分類重點在於化合物中有雙鍵或三鍵。

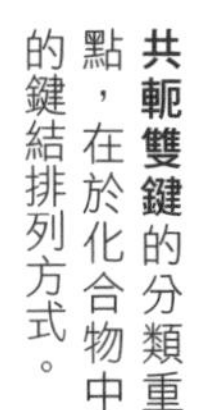
共軛雙鍵的分類重點，在於化合物中的鍵結排列方式。

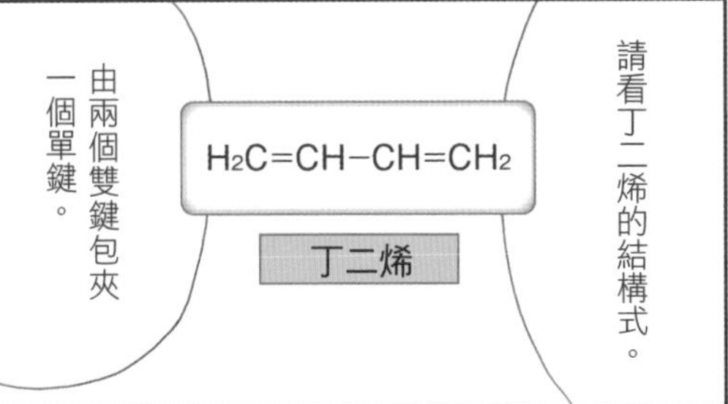
請看丁二烯的結構式。
$H_2C=CH-CH=CH_2$
丁二烯
由兩個雙鍵包夾一個單鍵。

這種排列方式就是**共軛**。

如果雙鍵之間包夾兩個單鍵，就不能算共軛。

所以呢？

具有共軛鍵的芳香族，反應性質非常重要，所以就留到第3章再來說明吧……。

異構物是結構不同的分子

① 順式・反式造成的異構

分子式相同但結構式不同的化合物，互為**異構物**。異構物之間的性質與反應性都不同，是完全不一樣的分子。

讓我們對**乙烯** C_2H_4 中的兩個碳分別接上甲基 CH_3 吧。如果兩個甲基都在雙鍵的同一側，稱為**順式化合物**，兩者在相反側則稱為**反式化合物**。這兩種東西的分子式相同但結構式不同，所以就是異構物。因為順式、反式造成的異構，稱為**順反異構物**。

② 位置造成的異構

有些異構源自於置換基、雙鍵之類的位置不同。例如2—甲基己烷和3—甲基己烷的分子式雖然都是 C_7H_{16}，但是甲基的位置與結構式都不同，所以彼此互為異構物。1—己烯、2—己烯、3—己烯則是雙鍵位置各不相同的異構物。

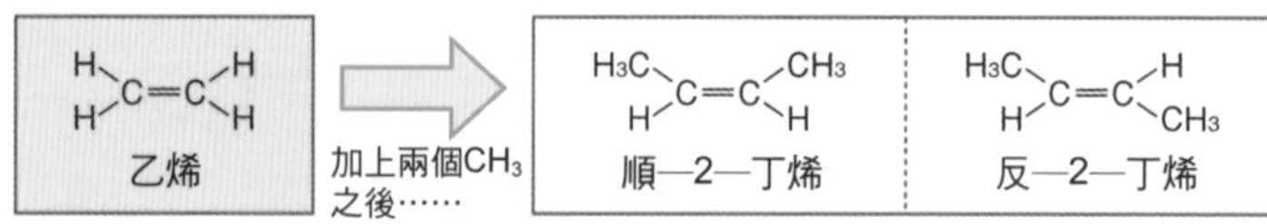

C_7H_{16}	$CH_3-CH(CH_3)-CH_2-CH_2-CH_2-CH_3$ 2—甲基己烷	$CH_3-CH_2-CH(CH_3)-CH_2-CH_2-CH_3$ 3—甲基己烷	
C_6H_{12}	$H_2C=CH-CH_2-CH_2-CH_2-CH_3$ 1—己烯	$CH_3-CH=CH-CH_2-CH_2-CH_3$ 2—己烯	$CH_3-CH_2-CH=CH-CH_2-CH_3$ 3—己烯

（又有順式、反式兩種）

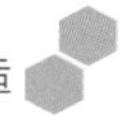

書寫結構式有個很大的優點，
那就是可以分辨異構物。

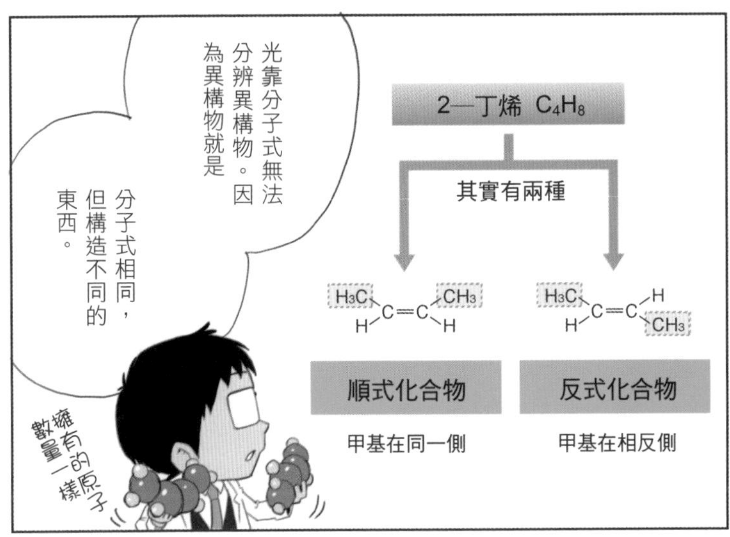
2—丁烯 C_4H_8
其實有兩種
H_3C CH_3 C＝C H H
H_3C H C＝C H CH_3
順式化合物
反式化合物
甲基在同一側
甲基在相反側
光靠分子式無法分辨異構物。因為異構物就是
分子式相同，但構造不同的東西。
擁有的原子數量一樣

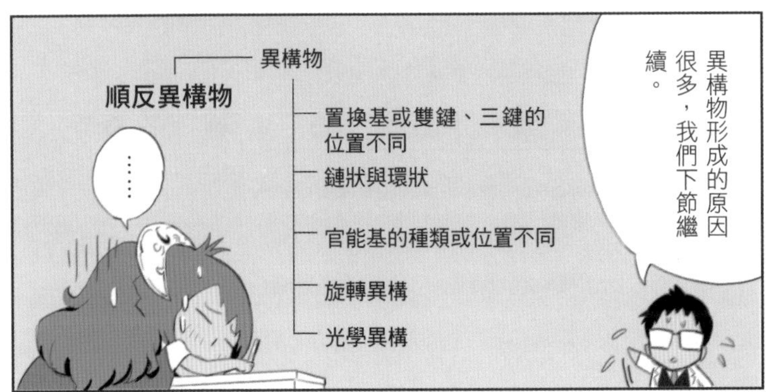
異構物形成的原因很多，我們下節繼續。
異構物
順反異構物
置換基或雙鍵、三鍵的位置不同
鏈狀與環狀
官能基的種類或位置不同
旋轉異構
光學異構
……

各式各樣的異構物

① 鏈狀與環狀造成的異構

有機化合物種類極多，而有機化合物種類繁多的理由之一，就是有異構物存在。右表有標示烷類的異構物數量。可以發現隨著碳的數量增加，異構物數量快速成長。

下圖所示的分子，全都是分子式 C_4H_8 的異構物。四個碳的飽和化合物（烷）有兩個異構物，但如果成為缺兩個氫的不飽和化合物，突然就有六個異構物了。❶到❹是烯類，❺、❻是環烷類。❶與❷的雙鍵位置不同，❷、❸互為順反異構。

② 官能基造成的異構

官能基（參考 3-1）也會造成異構。最下方的❶、❷都是 C_2H_6O，但❶是醇（乙醇），❷是醚（二甲醚）。❸、❹都是 C_3H_6O，❸是酮（丙酮），❹是醛（丙醛）。構造不同但分子式相同，彼此都是異構物。❸和❹也可以看成羰基位置（C ＝ O）不同的異構物。

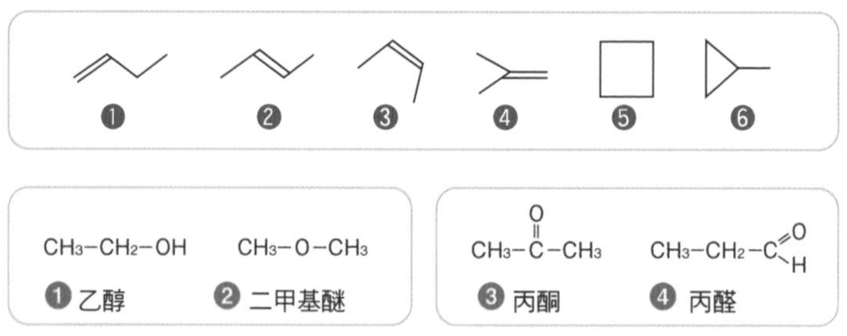

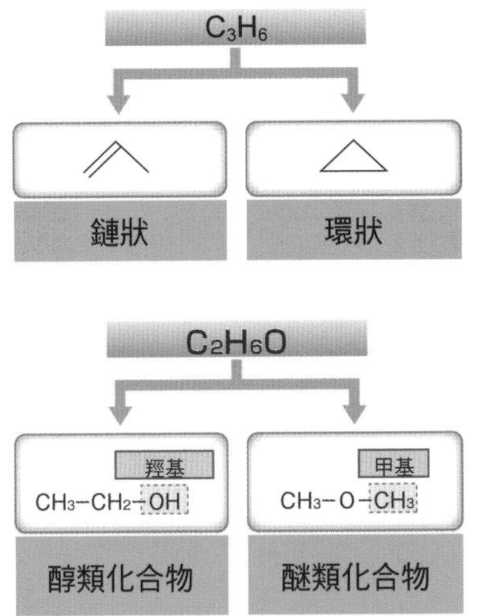

基本上，有機物隨著碳分子的增加，異構物數量都會呈現加速度暴增。

分子式	異構物數量
C_4H_{10}	2
C_5H_{12}	3
$C_{10}H_{22}$	75
$C_{15}H_{32}$	4,347
$C_{20}H_{42}$	366,319

旋轉異構物——藉由旋轉而復原

① 旋轉造成的異構

圖Ⓐ、Ⓑ畫出了乙烷 C_2H_6 的立體構造。Ⓐ圖中，兩個碳上所連接的氫互相重疊，所以稱為**重疊型**。另一方面，Ⓑ圖的氫彼此扭轉，稱為**扭轉型**。這兩者也是結構式不同的異構物，稱為**旋轉異構**或**構形異構**。

② 立體位能障礙

使用紐曼投影圖，可以清楚了解旋轉異構物的立體關係。這張圖表示從C—C鍵結的延長線上去看分子，兩個碳上所連接的氫會如何重疊。重疊型的氫原子比較靠近，會產生立體位能障礙，所以比較不安定。**下方圖表**，表示氫原子之間的角度如何影響能量變化。

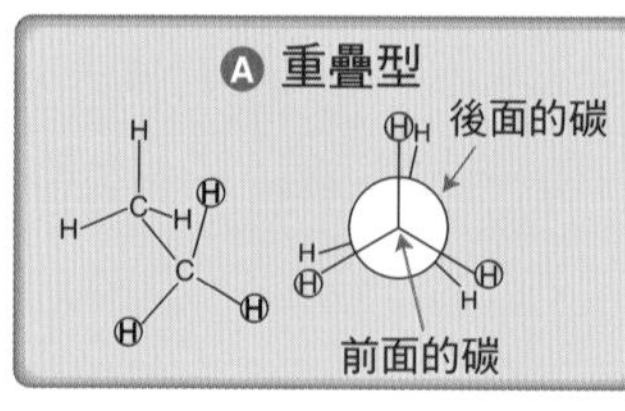

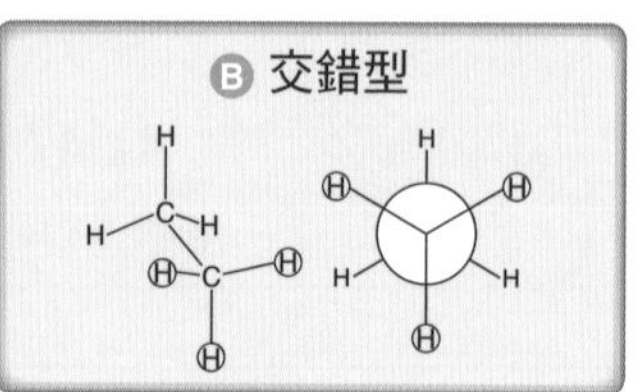

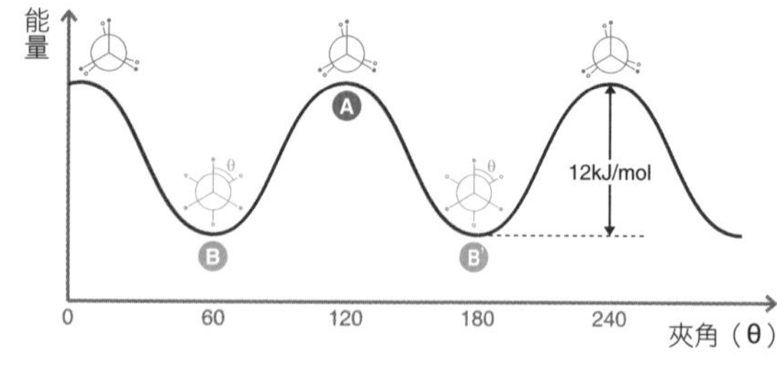

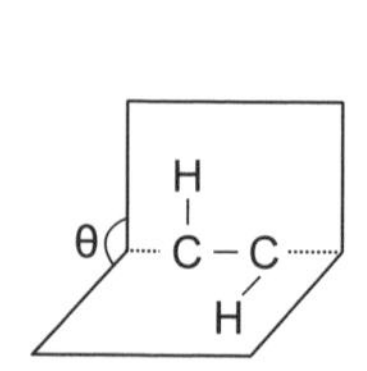

※交錯型是最安定的、重疊型是最不安定的。夾角θ是指兩個 HCC 平面間的夾角。

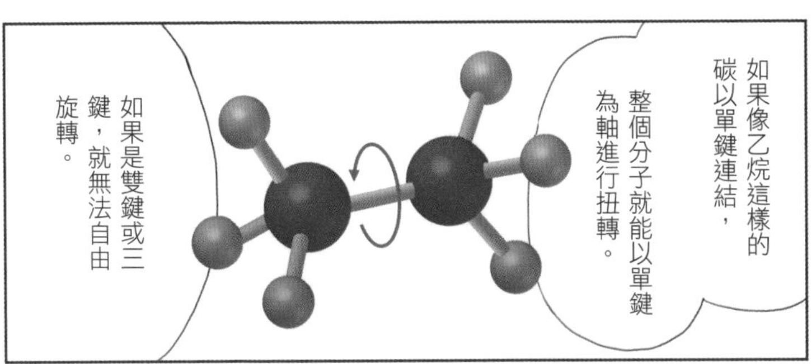
如果像乙烷這樣的碳以單鍵連結，
整個分子就能以單鍵為軸進行扭轉。
如果是雙鍵或三鍵，就無法自由旋轉。

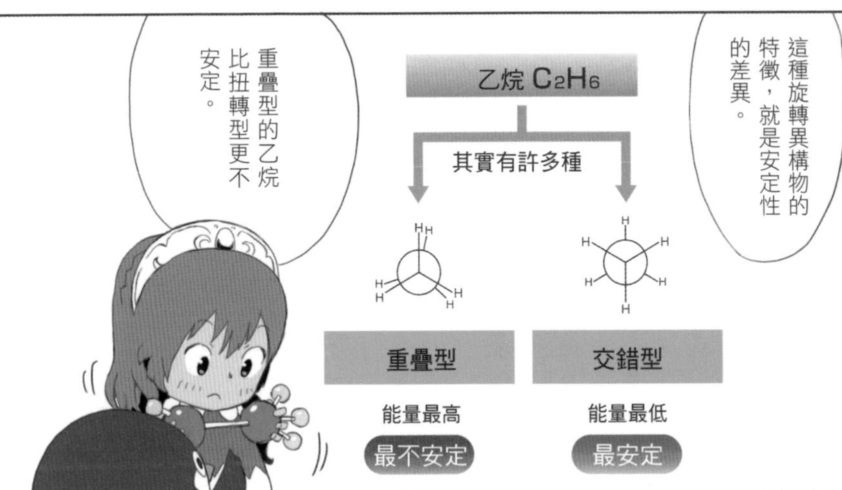
這種旋轉異構物的特徵，就是安定性的差異。
重疊型的乙烷比扭轉型更不安定。
乙烷 C2H6
其實有許多種
重疊型
能量最高
最不安定
交錯型
能量最低
最安定

安定性差異取決於碳所連結的氫是什麼位置關係，
但實際上這些差異太過微小，所以化學上很難區分旋轉異構。

光學異構物——在鏡中重疊

① 不對稱碳

分子Ⓐ、Ⓑ的碳上都連接了不同的置換基R，分別是H、NH_2（胺基）、COOH（羧酸基），而且兩者都稱為胺基酸。這兩個分子不管怎麼旋轉，都不會互相重疊。所以Ⓐ、Ⓑ是互不相同的化合物，也就是異構物。

這種連接四個不同的原子或置換基的碳稱為**不對稱碳**，只要是不對稱碳，幾乎都會呈現這種異構現象。

② 光學鏡像物造成的異構

分子Ⓐ與Ⓑ的關係，可以比喻為左手與右手的關係。左手和右手雖然不同，但是右手照鏡子就會變成左手。這種關係稱為**光學鏡像**，光學鏡像造成的異構稱為**光學異構**。

光學異構物的一般化學性質完全相同。但是兩者有些光學性質與生物效應則可能不同。自然界中就有很多光學異構現象。

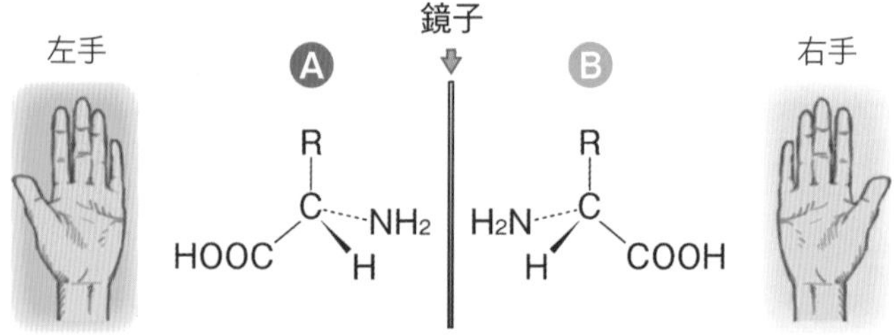

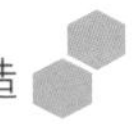

左手和右手就像在鏡子的兩邊，
伸
但是兩者絕對無法重疊。
擺
這就很接近光學異構的關係了。

乍看之下左右手似乎相同，但實際上完全不同，而且獨一無二。
可以疊在一起啊？
那只是相對而已啊，公主。

不管妳怎麼旋轉右手，都不會變成左手吧？
嗯……

右手跟左手
沒辦法重疊

右手跟左手
沒辦法重疊♡
這可真有趣啊，老師。
總之異構物就是似是而非的東西啦……

Column
1/2 的世界

光學異構物包含相當於左手和相當於右手的一組異構物（D型與L型）。但是自然界中通常只有一組裡面的某一個，例如製造蛋白質的胺基酸。真是不可思議，但還沒有人知道原因。

假設地球誕生初期就有 DL 兩種胺基酸吧。但是宇宙射線有奇偶性（請想像成左旋、右旋之類的自轉），由於其中某一邊較強，才會摧毀比較容易反應的D型吧。但是原本應該平等的左旋能量和右旋能量，為什麼會有一邊比較強？這就是另一個問題了。問下去真是沒完沒了。

而且也沒人知道為什麼原子核是正，電子是負。就算兩者對調，也不會產生什麼問題。現在核反應爐中就已經出現原子核為負，電子為正的反氫了。不過當反氫與一般氫碰撞，就會變成光消失。

如果某處有反宇宙存在，那就可以寫科幻小說了。

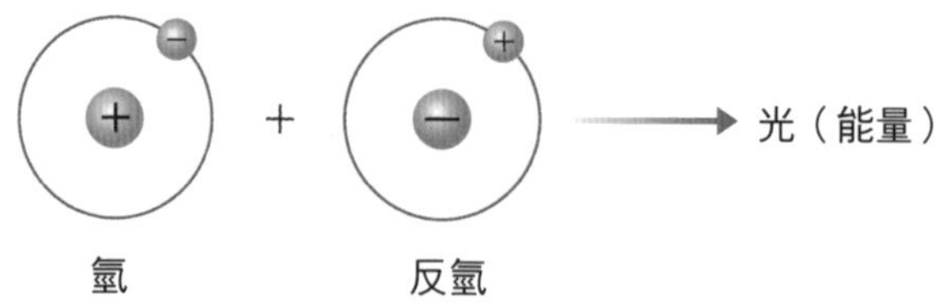

有機物的種類與性質

有機物的種類很多，但可以分成幾個大類。分類時的重要依據之一，就是官能基。具有相同官能基的有機物，就會呈現相似性質。想要理解有機化學，從理解官能基性質開始會比較輕鬆。

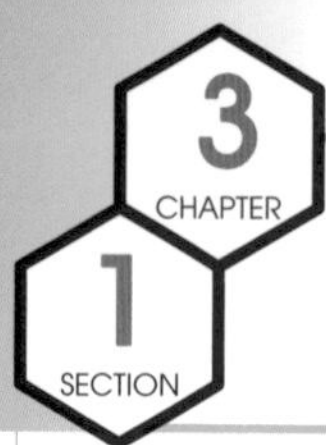

什麼是官能基？

① 置換基

有機化合物的種類幾乎是無窮無盡。但是即使多不勝數，還是可以把性質相似的化合物分成幾個種類。這時候的重要依據就是置換基。

如果把有機分子分成本體部份與附加部份，附加部份就稱為置換基。可千萬別以為它是附加的就小看它。可以把它們看成人體的軀幹跟頭，那麼置換基就相當於頭部。

② 烷基

在置換基中，有碳、氫單鍵鍵結而成的，也就是從烷衍生而成的烷基。例如甲基 CH_2 和乙基 CH_2CH_3 就是烷基。烷基也會以符號 R 表示。

③ 官能基

除了烷基之外的置換基，通常稱為官能基。右邊圖表包含了主要的官能基結構、名稱，以及包含該官能基的化合物俗稱等等。

官能基通常是乙烯基 $CH=CH_2$、苯基 C_6H_5 之類包含雙鍵的碳氫化合物，其中又大多包含 C、H 之外的元素。官能基決定分子的性質與反應性，就像是分子的臉一樣。

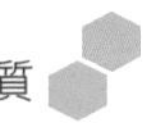

置換基
- 烷基　符號 R
  從烷（C_nH_{2n+2}）中拿掉一個氫而成
- 官能基
  烷基之外的置換基

名稱	烷基
甲基	$-CH_3$
乙基	$-CH_2CH_3$
⋮	⋮

名稱	化合物（俗名）	官能基	一般結構式	化合物範例
苯基	芳香族	$-C_6H_5$ ※	$R-C_6H_5$	$CH_3-C_6H_5$ 甲苯
乙烯基	乙烯化合物	$-CH{=}CH_2$	$R-CH{=}CH_2$	$CH_3-CH{=}CH_2$ 丙烯
羥基	醇或酚	$-OH$	$R-OH$	CH_3-OH 甲醇 C_6H_5-OH 苯酚
羰基	酮	$>C{=}O$	$RR'C{=}O$	$(CH_3)_2C{=}O$ 丙酮 $(C_6H_5)_2C{=}O$ 二苯甲酮
甲醯基	醛	$-CHO$	$R-CHO$	CH_3-CHO 乙醛 C_6H_5-CHO 苯甲醛
羧基	羧酸	$-COOH$	$R-COOH$	CH_3-COOH 醋酸 C_6H_5-COOH 苯甲酸
胺基	胺	$-NH_2$	$R-NH_2$	CH_3-NH_2 甲胺 $C_6H_5-NH_2$ 苯胺
硝基	硝化合物	$-NO_2$	$R-NO_2$	CH_3-NO_2 硝（基）甲烷 $C_6H_5-NO_2$ 硝基苯
腈基	腈	$-CN$	$R-CN$	CH_3-CN 乙腈 C_6H_5-CN 苯甲腈

※苯基通常寫成$-C_6H_5$。這裡的甲苯是 $CH_3-C_6H_5$。

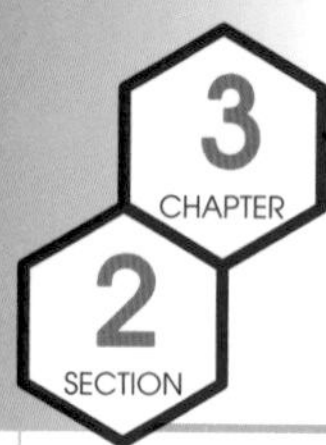

醇的種類與性質

① 醇

甲醇、乙醇之類的化合物，都是在烷基上連接羥基 OH 而成，統稱為醇。

羥基連接於烷基上的碳，當這個碳僅連接一個烷基稱為第一級醇，連接兩個、三個烷基則稱為第二級、第三級醇。

甲醇和乙醇是代表性的醇類。乙醇是酒類的主要成份，通常說酒精就是指乙醇。醇屬於中性，與鹼金屬反應會產生金屬鹽（醇鹽）和氫氣。

② 酚

苯環連結羥基的化合物稱為酚。酚與醇不同，呈現酸性。日本人把酚稱為石炭酸，具有殺菌作用，可以拿來做消毒劑。酚樹脂就是以酚為原料的樹脂。

第一級醇	第二級醇	第三級醇	酚
$R-CH_2-OH$（C 上連接 H、H）	$R-CH(R)-OH$（C 上連接 R、H）	$R-C(R)(R)-OH$（C 上連接 R、R）	苯環−OH

破例呈現酸性的醇（指酚）

代表性的醇
甲醇 CH_3-OH　　乙醇 CH_3CH_2-OH

$$R-OH + M \longrightarrow R-OM + \frac{1}{2}H_2$$

醇　鹼金屬　→　醇鹽

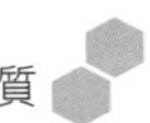

第2章以碳氫化合物的鍵結方式來分類有機物。
但是另外還有個方法，就是以碳氫化合物所連結的不同官能基來分類。

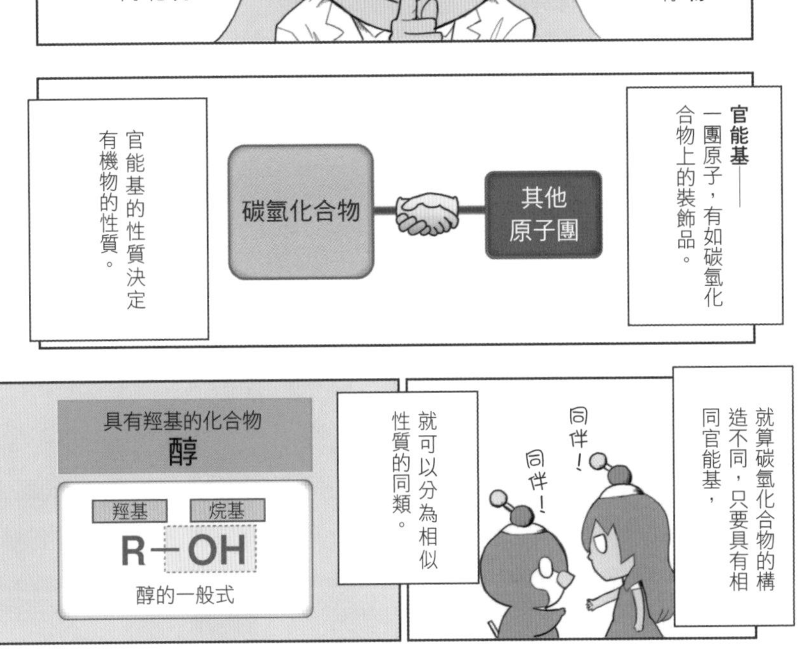
官能基——一團原子，有如碳氫化合物上的裝飾品。
碳氫化合物
其他原子團
官能基的性質決定有機物的性質。
就算碳氫化合物的構造不同，只要具有相同官能基，
同伴！
同伴！
就可以分為相似性質的同類。
具有羥基的化合物
醇
羥基
烷基
R—OH
醇的一般式

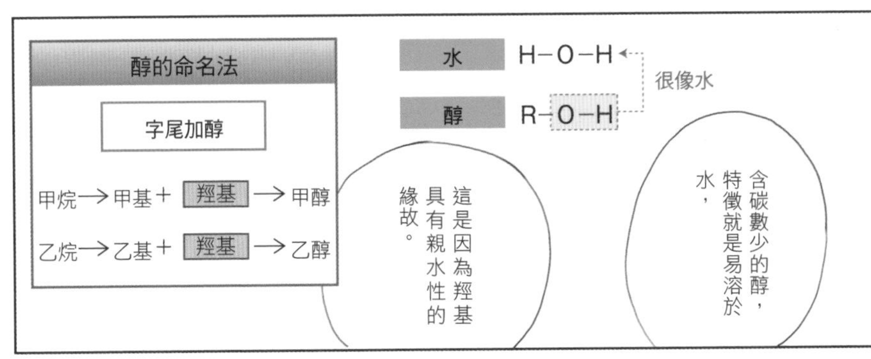
醇的命名法
字尾加醇
甲烷→甲基＋羥基→甲醇
乙烷→乙基＋羥基→乙醇
水 H—O—H
醇 R—O—H
很像水
含碳數少的醇，特徵就是易溶於水，
這是因為羥基具有親水性的緣故。

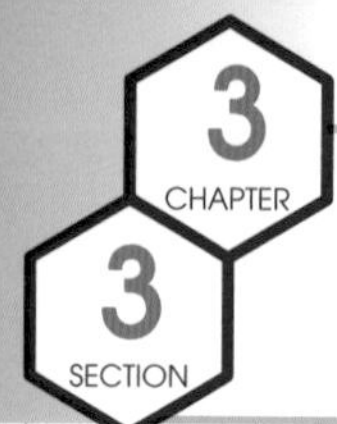

醚的種類與性質

① 鏈狀醚

兩個烷基與氧結合就稱為醚。兩個烷基都是甲基的話，稱為二甲基醚，都是乙基的話稱為二乙（基）醚。一般說的乙醚是指二乙（基）醚。

二乙（基）醚可以輕易溶解有機物，所以常用來當作有機反應的溶媒。二乙（基）醚也曾經用來當做麻醉藥。具有揮發性，易燃，會爆炸，使用上要特別小心。

② 環狀醚

環狀醚就是呈環狀的醚。三環構造的**環氧乙烷**具有高度反應性，被用來當做各種反應試劑、塑膠原料、黏著劑等等。

四氫呋喃 THF 被用來當作有機反應的溶媒。著名的有害物質**戴奧辛**是以兩個氧連接兩個苯環而成，也是環狀醚的一種。

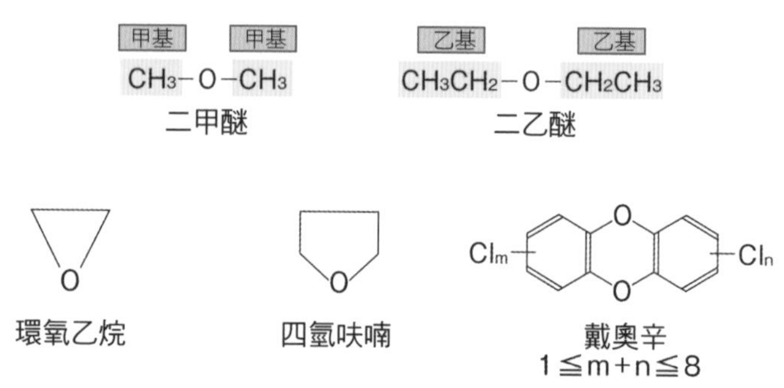

※二甲（基）醚中的「基」乃不必要，故應作二甲醚或二甲（基）醚，以此類推。

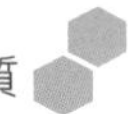

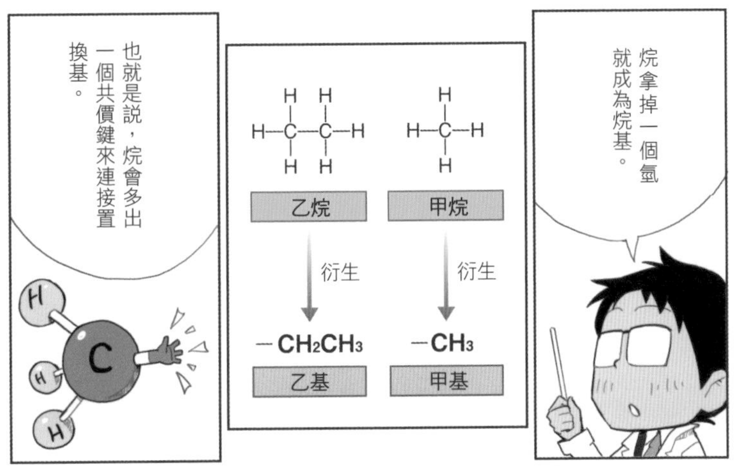
烷拿掉一個氫
就成為烷基。
H H
H—C—C—H
H H
乙烷
衍生
—CH2CH3
乙基
H
H—C—H
H
甲烷
衍生
—CH3
甲基
也就是說，烷會多出
一個共價鍵來連接置
換基。
H
C
H
H

當兩個烷基被氧連接
在一起，這種結構的
化合物
就是醚。
氧擁有兩個
共價鍵，
呵呵
兩邊都能連
接碳。

順便看看
命名方式
吧。
二代表有兩個，
所以根據第2章
第6節來看，就
是：
醚的命名法
烷基＋「醚」
（例）二　甲　醚
兩個
甲基
的醚

酮的種類與性質

① 羰基化合物

當化合物中含有氧與碳以雙鍵鍵結的C＝O原子團，通常稱為**羰基化合物**。羰基化合物包括含有羰基 C ＝ O 的酮，含有甲醯基CHO的醛，含有羧基COOH的羧酸等等，種類繁多。

② 酮

羰基 C ＝ O 上連接兩個烷基而成的化合物稱為**酮**，例如**丙酮**、**二苯甲酮**等等。丙酮溶解有機物的能力非常強大，又能隨意與水混合，常被用作溶劑或工業用清潔劑。

氧（電負度3.5）和碳（電負度2.5）的電負度不同，所以 C ＝ O 鍵結呈現氧帶部分負電荷（δ^-）、碳帶部分正電荷（δ^+）的極化構造。羰基化合物的一大特徵就是碳帶部分正電荷。

如果將酮還原，就會成為第二級醇，反之將第二級醇氧化就成為酮。

CH_3—C(=O)—CH_3
丙酮

二苯甲酮

碳帶部分正電荷
$R_2C^{\delta+}=O^{\delta-}$　2.5　3.5 ← 電負度

R_2CH-OH ⇄ $R_2C=O$（氧化(O)→，←還原(H)）
第二級醇　酮

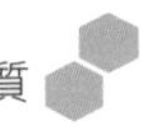

醇和醚，之前提到的化合物，都是碳與氧以單鍵鍵結的化合物。
C─O 鍵結
C=O 鍵結
接下來要說的就是碳氧雙鍵鍵結的羰基化合物類了！
羰基三姊妹
新人物！

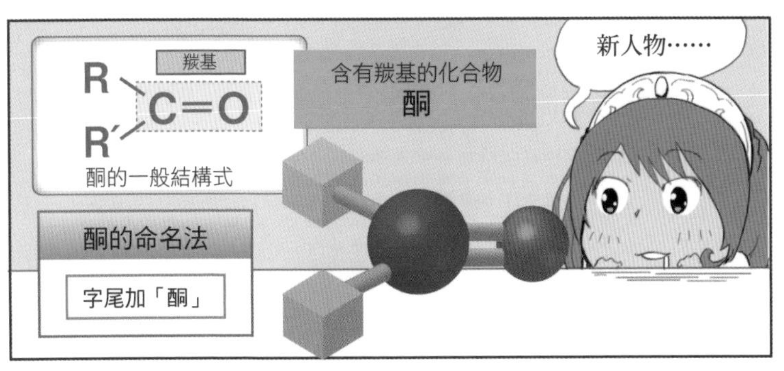

新人物……
羰基
R
C=O
R′
酮的一般結構式
含有羰基的化合物
酮
酮的命名法
字尾加「酮」

丙酮是最小的酮，由2─丙醇氧化而成。
正式的英文名稱應該是2─propanone，
但一般仍稱為Acetone。
乙醇大人喊著丙酮的名字。那女人真正的名字是……
二甲醚！別說出來！
喔呵呵呵，輪不到妳這個單鍵女說話！
沒想到公主這麼專心聽老師講課啊……

醛的種類與性質

① 醛

含有甲醯基 CHO 的化合物稱為**醛**。醛的典型同類有**甲醛**、**乙醛**等等。甲醛是構造最簡單的醛，大約 40%的水溶液稱為**福馬林**，具有讓蛋白質硬化的功能。另外甲醛也可以做為酚樹脂等熱硬化性樹脂（參考第 6 章）的原料。這些樹脂（塑膠）所外洩的未反應完畢甲醛，是「病態屋*」（Sick House）症候群的原因之一。

② 反應性

如果將醛還原，就成為第一級醇。反之將第一級醇氧化就成為醛。但是醛很容易氧化，所以就算反應產生了醛，也會很快地氧化為羧酸。

容易氧化的特性使醛具有還原性。例如**斐林反應**和**銀鏡反應**（請參考第 9 章），就是利用醛還原性進行的定性反應。

甲醯基：$H-CHO$ 甲醛

甲醯基：CH_3-CHO 乙醛

甲醯基：C_6H_5-CHO 苯甲醛

$$R-CH_2-OH \underset{還原(H)}{\overset{氧化(O)}{\rightleftarrows}} R-CHO \underset{還原}{\overset{氧化(O)}{\rightleftarrows}} R-COOH$$

第一級醇　　醛　　羧酸

*註：病態屋（Sick House）指家中環境含有對人體有害物質，若引發人體疾病或不適，就稱為「病態屋症候群」。

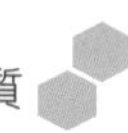

這是第二種
羰基化合物。
含有甲醯基的化合物
醛
甲醯基
R—C=O
H
醛的一般結構式
真是
新人物
嘉年華
啊。

如果仔細看這個甲醯基（置換基），可
以發現它隱藏了跟上一節的羰基一樣的
構造。
所以也可以當作含有羰
基的複合基。
羰基
—C=O
H
就像一家人嗎？
……

醛是一種容易接受氧的物
質，特徵就是會很快轉換
為羧酸。
羧酸
看下一節！
之後的章節也會常常看到它
的高度反應性，一定要先記
住喔。

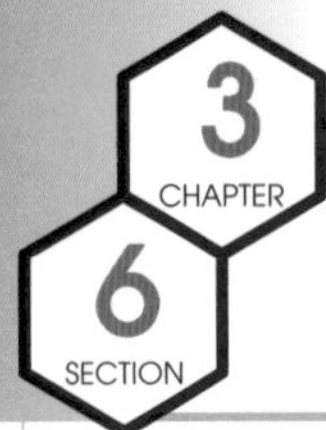

羧酸的種類與性質

① 羧酸

含有**羧基** COOH 的化合物稱為**羧酸**。螞蟻分泌的蟻酸，醋含有的醋酸，都是代表性的羧酸。製造油脂的脂肪酸和製造蛋白質的胺基酸也都是羧酸。含有苯環的苯甲酸更是重要的工業用酸。

如果將第一級醇或醛加以氧化，就會得到羧酸。

② 酸性—釋放 H^+

羧酸會依照以下的反應式進行解離。像這樣解離並釋放 H^+ 的物質，一般就稱為**酸**。

溶液的酸性度可以用 pH 來表示。如式子 1 所示，pH 屬於對數，所以數值差 1，濃度就差 10 倍。而且又因為有負數，所以數值愈小濃度愈高。中性的 pH ＝ 7，小於 7 是酸性，大於 7 是鹼性（鹽基性）。

羧基：H−COOH　蟻酸

羧基：CH_3−COOH　醋酸

羧基：C_6H_5−COOH　苯甲酸

羧基：H−C(R)(NH_2)−COOH　胺基酸

$$R-CH_2-OH \xrightarrow{\text{氧化(O)}} R-CHO \xrightarrow{\text{氧化(O)}} R-COOH$$

第一級醇　醛　羧酸

$$R-COOH \underset{}{\overset{\text{解離}}{\rightleftarrows}} R-COO^- + H^+$$

羧酸　羧酸負離子

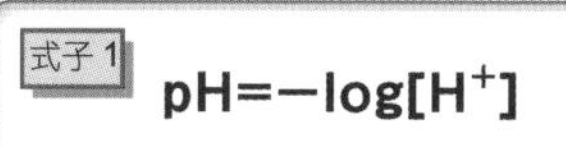
式子 1
pH=−log[H⁺]

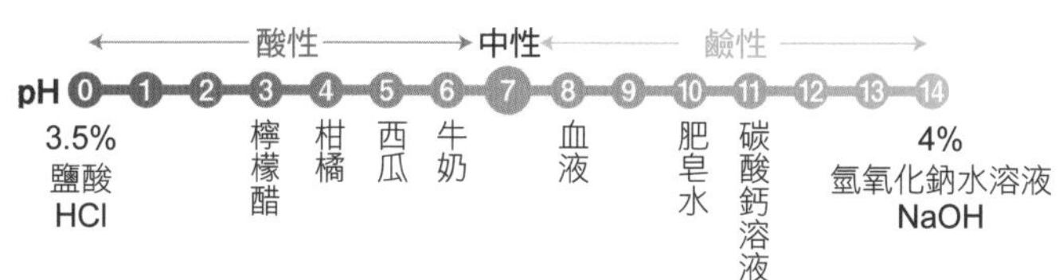
酸性
中性
鹼性
pH 0 1 2 3 4 5 6 7 8 9 10 11 12 13 14
3.5% 鹽酸 HCl
檸檬醋
柑橘
西瓜
牛奶
血液
肥皂水
碳酸鈣溶液
4% 氫氧化鈉水溶液 NaOH

最後的羰基化合物也有了。
三個都到齊了。
含有羧酸基的化合物
羧酸
羧基
R−C=O OH
羧酸的一般結構式
每一種都很相似呢。

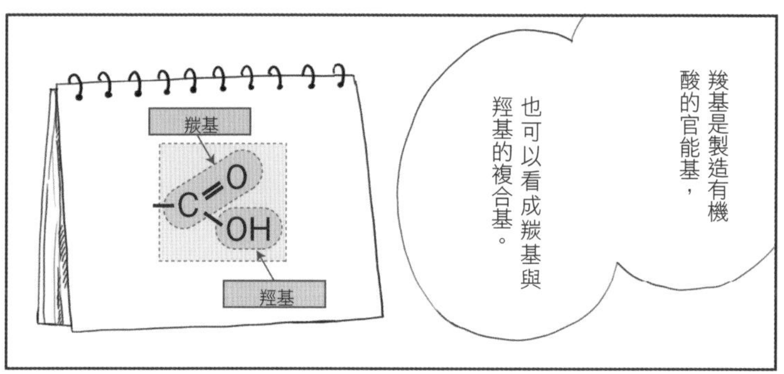
羧基是製造有機酸的官能基，
也可以看成羰基與羥基的複合基。
羰基
−C=O OH
羥基

酯與脫水酸

① 酯

羧酸與醇產生反應，就會產生水和酯。像這種兩個分子釋放出水而聚合的反應，通常稱為**脫水縮合反應**。另一方面，酯會與水起反應，產生原本的羧酸和醇。這種反應稱為（酯）**水解**。

② 酸酐

從兩個羧酸分子中取走一個水而成的物質，稱為**酸酐**。醋酸脫水之後就稱為醋酸酐。單分子中兩個羧酸基為順式關係的順—丁烯二酸（縮蘋酸），會引發脫水反應，形成環狀的酸酐。但是反式的延胡索酸因為置換基比較遠，就無法成為酸酐。

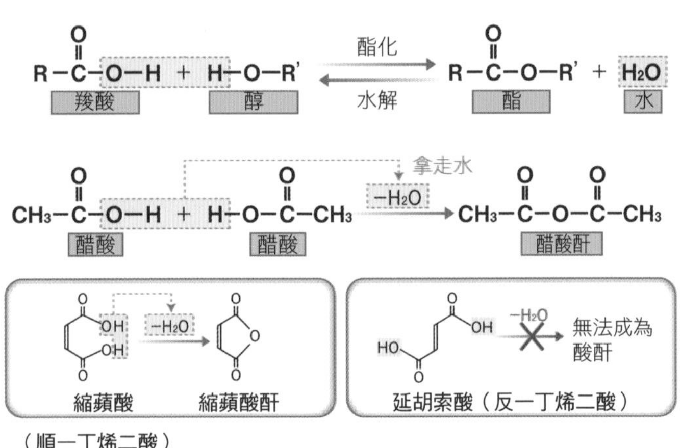

（順—丁烯二酸）

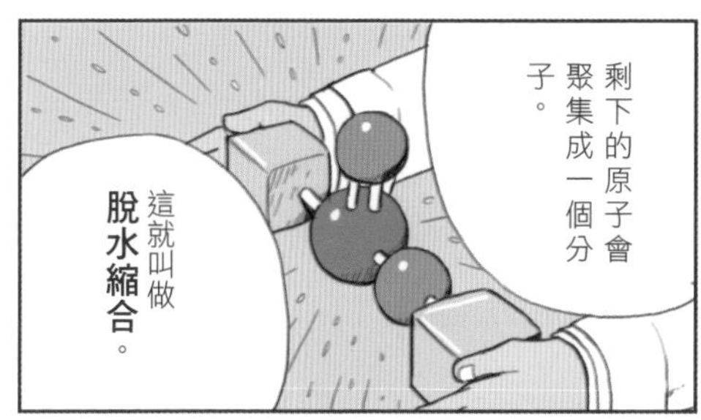

之前介紹過的有機物之間也會產生這種反應。

這時候反應物的組合方式，會決定生成物的名稱。請注意這裡。

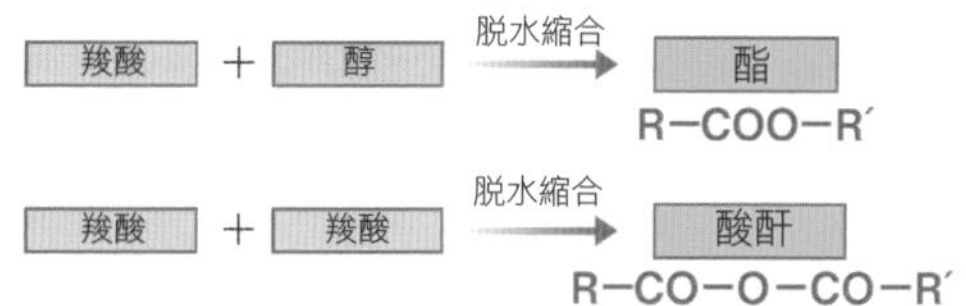

而且脫水縮合是可逆反應。

也就是說，只要加入水分子，就會分解為原本的物質。

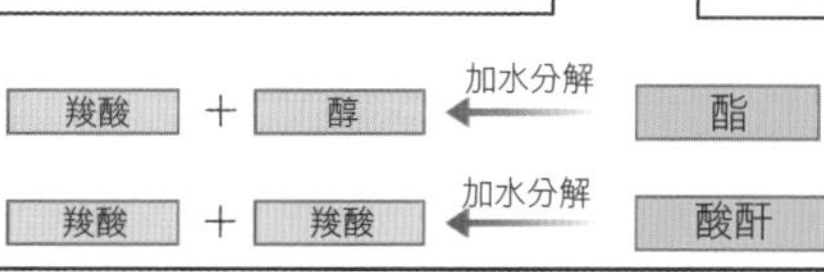

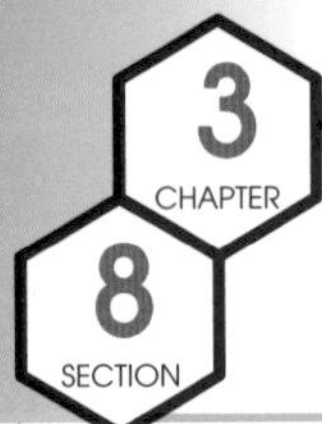

胺的種類與性質

具有胺基的化合物稱為**胺**，胺可以根據氮所連接的烷基數量而分為四種。碳上面連接一個、兩個、三個烷基的胺，分別稱為第一級胺、第二級胺、第三級胺。

對上面三種胺附加 H^+ 而成的陽離子，分別稱為第一級銨鹽、第二級銨鹽、第三級銨鹽。如果氮連接了四個烷基，造成氮帶正電，就稱為第四級銨鹽。

苯環連接上胺基就成為苯胺。另外，製造蛋白質的原料胺基酸是一種含有羧基的胺。

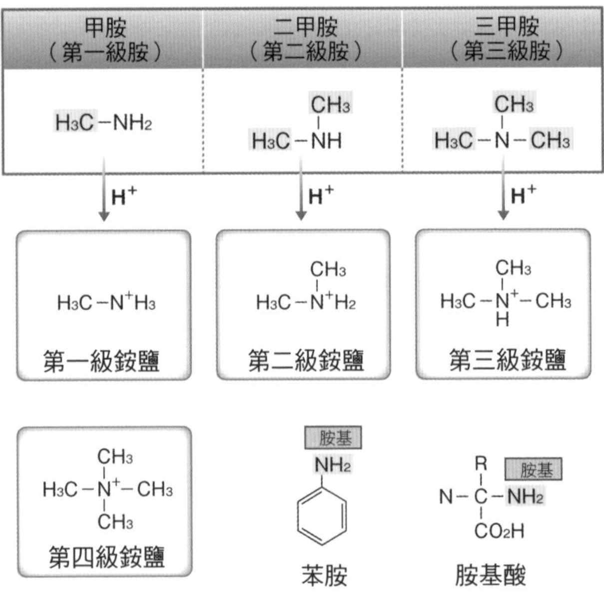

碳
氧
氫
C
O
H

然後就是構成第四個構成有機物的主要元素，
氮。
N

其中一個含氮的置換基就是胺基。含有胺基的
化合物
胺
胺基
R—NH2
胺的一般結構式
超級新人物！

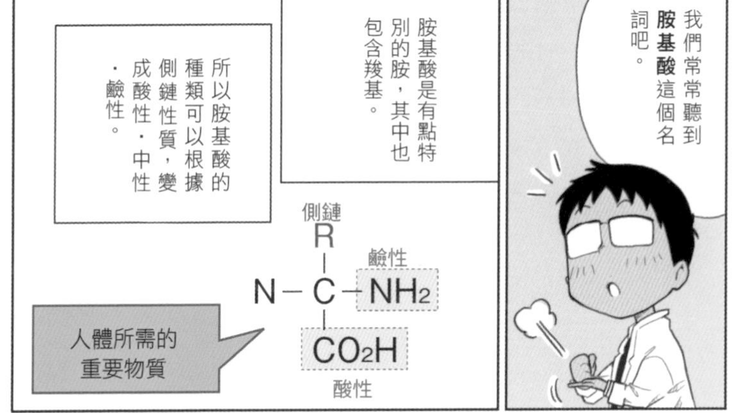
我們常常聽到胺基酸這個名詞吧。
胺基酸是有點特別的胺，其中也包含羧基。
所以胺基酸的種類可以根據側鏈性質，變成酸性・中性・鹼性。
側鏈
R
鹼性
N－C－NH2
CO2H
酸性
人體所需的重要物質

胺的最大特徵就是鹼性

① 鹼性—接收 H^+

胺具有接受 H^+ 而成為銨鹽的性質。一般將具有接受 H^+ 之性質的物質稱為**鹼**（鹽基），具有釋放 H^+ 之性質的物質稱為**酸**。所以胺就是典型的有機鹼。

鹼也分強弱，以 **pK_a** 表示強度。當 pK_a 愈大代表鹼愈強，與 H^+ 的結合力愈強。甲基胺的鹼性比氨更強，吡咯和苯胺則是極弱的鹼。

② 醯胺

胺與羧酸進行脫水縮合會產生**醯胺**，此反應稱為**醯胺化**。醯胺化是合成蛋白質與尼龍（Nylon）的重要反應。

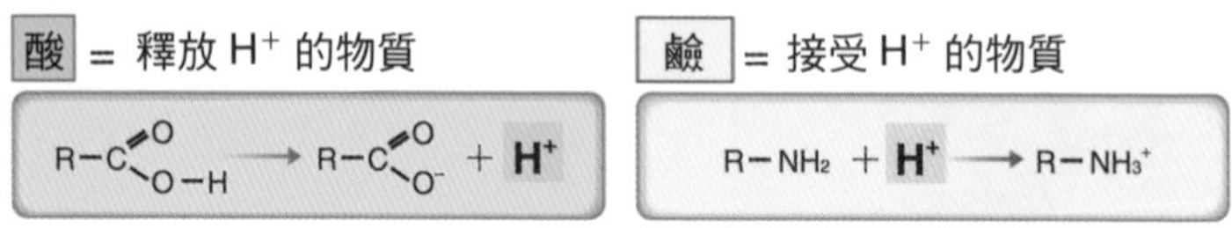

鹼	吡咯	苯胺	吡啶	氨	甲基胺	奎寧環
	NH_2	$-NH_2$	N	NH_3	CH_3NH_2	N
pKa	0.4	4.6	5.3	9.3	10.7	11.0

$$\underset{\text{羧酸}}{R-\overset{\overset{\Large O}{\|}}{C}-O-H} + \underset{\text{胺}}{H-\overset{\overset{\Large H}{|}}{N}-R'} \underset{\text{水解}}{\overset{\text{醯胺化}}{\rightleftharpoons}} \underset{\text{醯胺}}{R-\overset{\overset{\Large O}{\|}}{C}-\overset{\overset{\Large H}{|}}{N}-R'} + H_2O$$

上一節提到的胺基酸十分特別，
因為胺基的特徵在於鹼性。

由於胺基中氮與氧的電負度不同，所以氮帶負電。
這樣就會吸引新的 H^+ 靠近。
N
H
接受 H^+ 的鹼性。

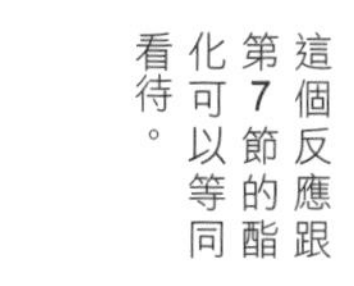
而胺與羧酸反應的生成物就是**醯胺**。
羧酸
這個反應跟第7節的酯化可以等同看待。

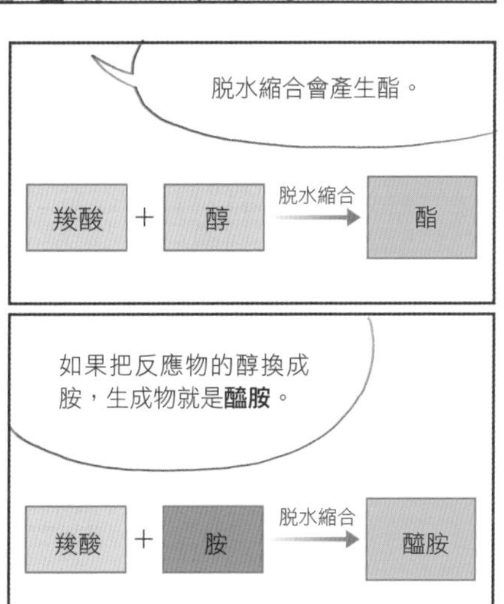
脱水縮合會產生酯。
羧酸 ＋ 醇 —脱水縮合→ 酯
如果把反應物的醇換成胺，生成物就是**醯胺**。
羧酸 ＋ 胺 —脱水縮合→ 醯胺

這個反應與酯化一樣可逆。
記得嗎？就是「水解」。
加水之後又分裂了……！

什麼是芳香族？

① 芳香族很香嗎？

學化學絕對躲不過「芳香族」這個名詞。它就是這麼重要。但是要正確解釋「什麼是芳香族」卻很困難。至少它不是什麼「芳香」的東西。例如吡啶就是典型的芳香族，但卻惡臭擾人。

② 芳香族的條件

那芳香族到底是什麼樣的化合物呢？這很難有個明確的定義，目前大致承認的條件如下：

①環狀全共軛化合物（環上所有的原子都屬於共軛系統）

②環內有（2n ＋ 1）個雙鍵（n 為整數）

③環上原子在同一個平面中。

根據這些定義，苯、吡啶（n ＝ 1）都是芳香族。但是環丁二烯、環戊二烯就不屬於芳香族。萘可視為兩個苯環併合在一起。

化合物＼條件	苯	吡啶	環丁二烯	環戊二烯
		N		1 2 3 4 5
是否環狀全共軛？	○	○	○	×※
雙鍵是否為（2n ＋ 1）個？	○ 3 個 (n=1)	○ 3 個 (n=1)	× （2 個）	× （2 個）

※C_5 不屬於共軛系

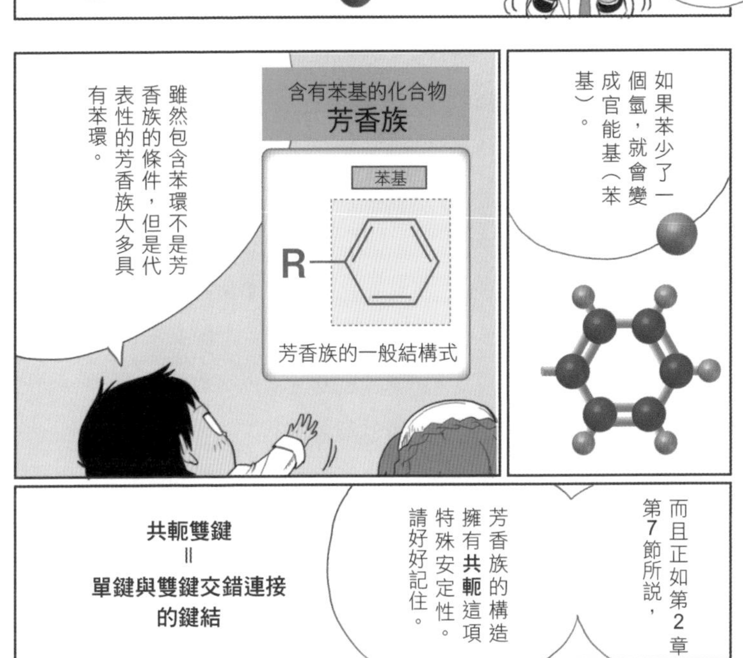

而且正如第2章第7節所說，

芳香族的構造擁有特殊安定性。請好好記住。

共軛雙鍵
‖
單鍵與雙鍵交錯連接的鍵結

芳香族有什麼性質？

① 安定

我們可以從物理性與結構來看芳香族的特色。從物理性來看，芳香族最大的特色就是**安定**。

化合物的「安定」有兩種意義。一種是「**難以破壞**」，另一種是「**不易與其他分子起反應**」。芳香族就這兩個意義來說都很安定。芳香族確實是缺乏反應性的化合物，另一方面卻又能輕易進行特定反應。這也是芳香族的特色。

② 所有鍵結都一樣

在結構面的特色，就是無法區分單鍵與雙鍵。

如果比較長度的話，雙鍵的鍵長會比單鍵短。下表比較了各種化合物中單鍵與雙鍵的**鍵長**。就算是共軛化合物丁二烯，單鍵與雙鍵的長度也不同。

但是苯的單鍵與雙鍵卻無法區分。所以苯的結構式可如表右端所示，在六角形中加了個圓圈。

化合物 / 鍵長 (10^{-8}cm)	乙烷 H_3C-CH_3	乙烯 $H_2C=CH_2$	丁二烯 $H_2C=CH-CH=CH_2$	苯 (六角形中加圓圈)
C−C 鍵長	1.53	−	1.48	1.40
C=C 鍵長	−	1.34	1.36	1.40

公主
還沒回來啊……

……

老師，請您為我上課吧。

咦？

我也很想聽聽接下來的內容呢。

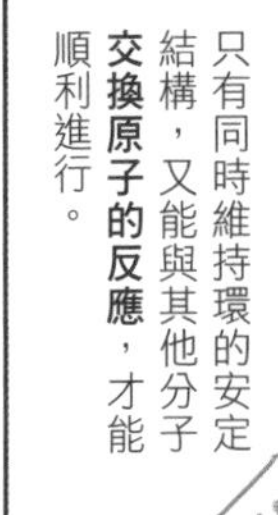
那，那我就繼續了……
芳香族的安定性來自共軛，也就是說化學反應會受限。
如果在環上增加原子或減少原子，反而會使環失去安定性。
只有同時維持環的安定結構，又能與其他分子**交換原子的反應**，才能順利進行。

而且有趣的是，苯擁有正六邊形構造。
原本單鍵與雙鍵的長度應該不同，但是實驗室中觀察到的苯，卻呈現所有鍵等長的正六邊形。這樣很矛盾吧？後來有人用共振理論解決了這個問題，
但是之前這可是個超級大謎團喔！

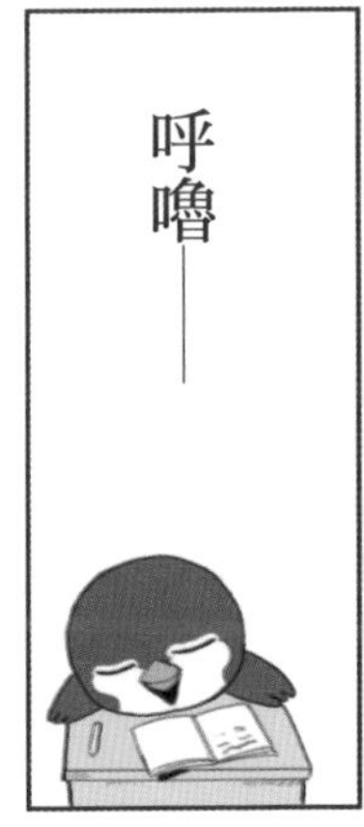
呼嚕——

Column

醋酸與檸檬酸

不好意思，我要說說自己的事情，那就是我非常害怕酸梅。討厭到我甚至會開玩笑說「這根本不是人吃的東西（我真的很對不起賣酸梅的人，還有我那愛吃酸梅的老婆）」可能會遭天譴吧。

當然，檸檬對我來說也不能算食物。總之我只要一想像到那股酸勁，就會做出非人哉的表情。

但不是我要狡辯，我其實很喜歡醋漬菜的，就連吃螃蟹也要沾點醋，所以我不是看到酸就逃走的人。

想必各位已經發現，差異在於「酸味來源不同」。酸梅和檸檬的酸味來自檸檬酸，醋漬菜和壽司的醋，則是由醋酸產生酸味。我想我喜歡醋酸，但是超怕檸檬酸。所以我喜歡喝酒，或許也是因為乙醇會在體內氧化成醋酸吧？

$$HO_2C-CH_2-\underset{\displaystyle OH}{\overset{\displaystyle CO_2H}{C}}-CH_2-CO_2H$$

檸檬酸

$$CH_3-CH_2-OH \xrightarrow{\text{體內氧化}} CH_3-C(=O)-O-H$$

乙醇　　醋酸

基礎化學反應

分子的特徵就是會變化，這種變化稱為化學反應。有機分子是特別容易起反應的分子。反應有很多種類，基礎反應有置換反應、脫去反應、加成反應、氧化還原反應。

鍵結有時斷有時連

① 鍵切斷

簡單來說，**化學反應就是鍵結的切斷與生成**。若原子團 A 與 B 以單鍵結合，所以 A 與 B 之間有兩個價電子。也就是說，代表鍵結的價電子（直線）等於「兩個電子＝電子對」。

鍵結被切斷的時候，電子對會跟著某一邊的原子團 A。接受電子對的 A 會電子過剩，成為負離子（或稱陰離子）A^-。而被拿走電子對的 B 則缺少電子，成為正離子（或稱陽離子）B^+。在鍵切斷上添加的彎曲小箭頭，就代表**電子對的移動**。

② 鍵產生

陰陽離子之間發生鍵產生的時候，負離子的電子對會往正離子移動，轉換為價電子對（鍵）。

鍵頭表示電子對動向，可見是從負離子往正離子去。反應機制中常常看到這個小箭頭。這表示電子對的動態，而不是原子團的移動。

切斷	標示法	A－B ⟶ A^-＋B^+
	電子對動向	A••B ⟶ $\ddot{A}$ ＋B
生成	標示法	A^-＋B^+ ⟶ A－B
	電子對動向	$\ddot{A}^-$＋B^+ ⟶ A••B

切斷舊鍵與產生新鍵是怎麼回事？

其實就是**電子的移動**。

鍵的切斷與產生
＝
電子移動

所以在反應式中寫上小箭頭，就能清楚標示電子對的動向。

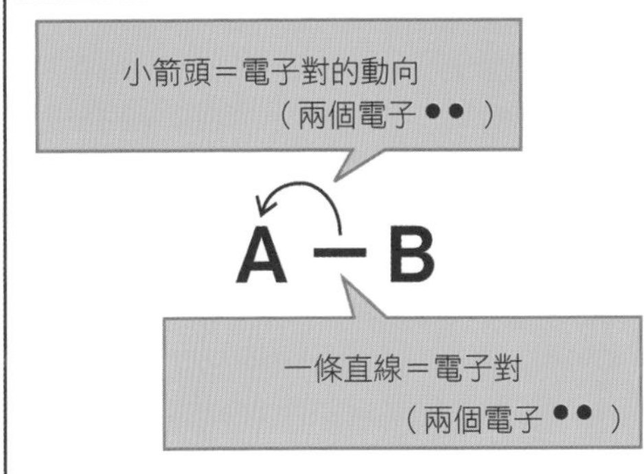

有開環閉環的反應

① 電環化反應

把化合物❶加熱就成為❷。這種反應的特色，在於鍵位置會如箭頭所示般移動。結果起始物質 1 的 C_1-C_6 之間原本沒有鍵結，卻出現了鍵結。這種鍵結依序移動的反應稱為**電環化反應**。

從❶到❷所進行的反應中，鏈狀化合物成為了環狀化合物，所以稱為**閉環反應**。反之，從❷到❶的反應就稱為**開環反應**。

② 鍵重排反應

將化合物❸加熱就成為化合物❹。❸只要翻轉就成為❹，所以到底有沒有產生反應也不確定。由於使用化合物❺，結果產生了化合物❻，便了解確實有反應產生。

於是我們以發現者的名稱命名，❸、❹的反應稱為**寇普重排反應**，❺、❻的反應稱為**克來森重排反應**。

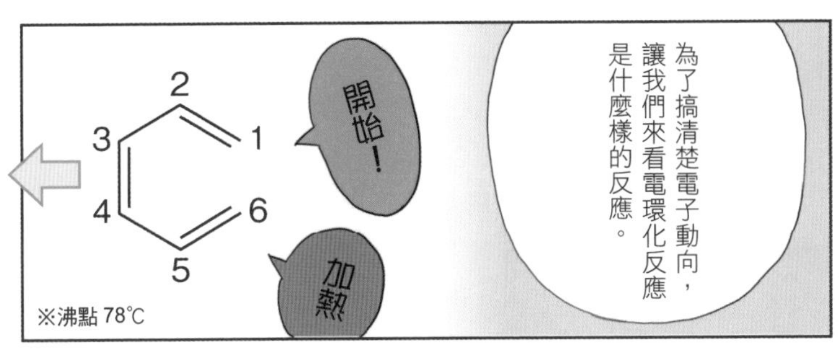

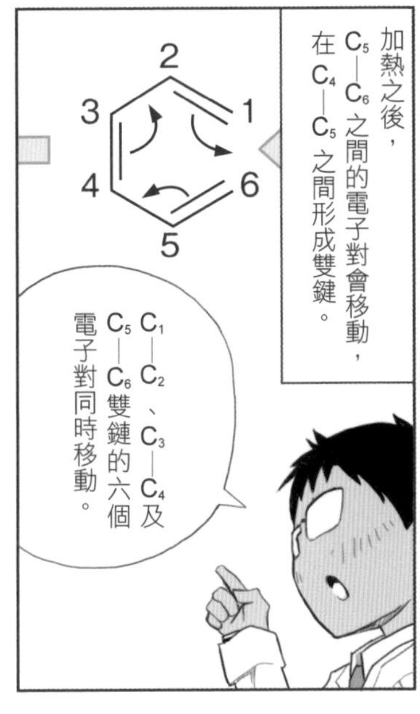

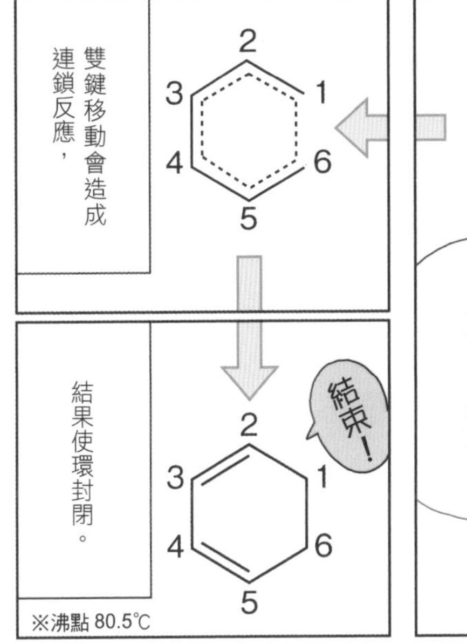

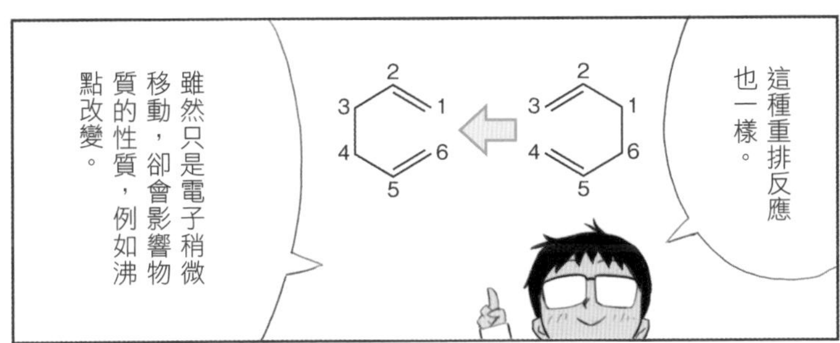

※這是一個連續的動作而不是分段的。六個電子會同時行動。

置換反應就是添加並交換的反應

① 置換反應

置換反應（Substitution Reaction）就如以下反應式 1 所示，將基質的置換基 X 換成置換基 Y 的反應。以試劑 Y^- 攻擊基質 R － X，並自己取代 X 與 R 結合，成為 R － Y。

置換反應是很簡單的反應，用途在於更換置換基，以改變化合物的本質。

② 置換反應的種種

以下標示出基本的置換反應。醇與氯化氫的反應中，OH 會被換成 Cl，產生氯化烷。如果改變反應條件，就會引發完全相反的反應。也就是說，如果使氯化烷和氫氧化物離子 OH^- 起反應，就會產生醇。

用來攻擊的試劑也有很多種。如果用胺基負離子 NH_2^- 起反應，就會產生胺。

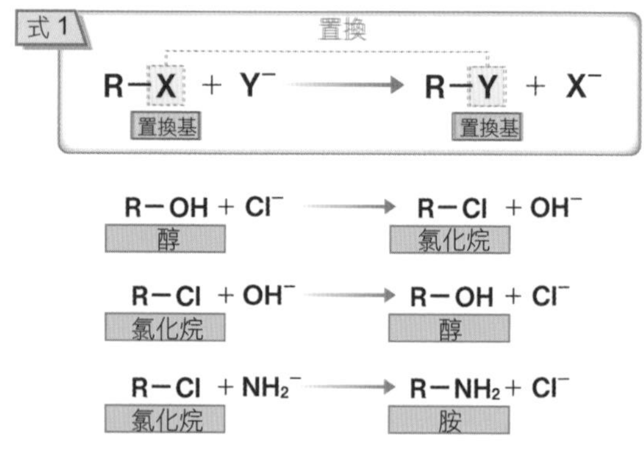

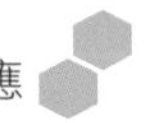

在兩種分子的反應中，通常將較小的分子稱為**試劑**，

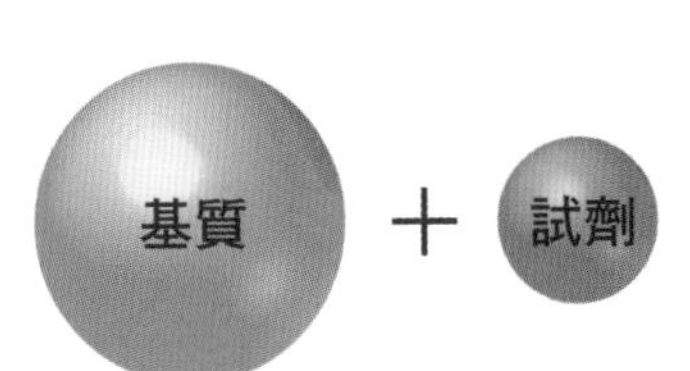

較大的分子則稱為**基質**。

置換反應，就是將基質中的置換基與試劑做交換的反應。

鍵結被切斷的置換基就會成為離子。

反之，使用X^-為試劑就會恢復原狀。

如第3章所見，置換基可以決定有機物的性質，所以生成物的性質也會改變。

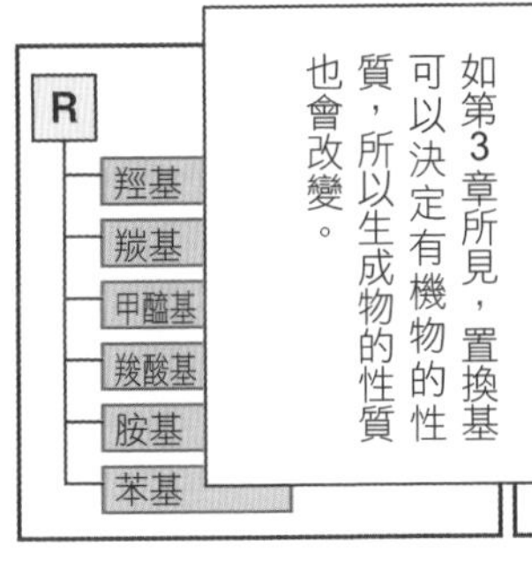

如果只看反應前後，置換反應是很單純的交換行為，

但是其中分成好幾種反應機制，從下一節開始會連續介紹。

反應機制

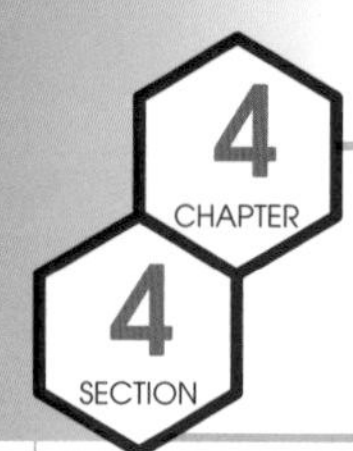

什麼是單分子親核置換反應？

① 單分子親核置換反應 S_N1 反應

置換反應有分很多種，其中具有代表性的就是**單分子親核置換反應** S_N1，和**雙分子親核置換反應** S_N2。S_N1 反應分成兩階段。首先置換基 X 會脫離變成 X^-，產生中間產物❷。這個過程中只有一個分子介入，反應的速率由這一階段決定，所以稱為單分子反應。

其次，以 Y^- 攻擊中間產物而產生生成物❸。像 Y^- 一樣攻擊對方正電荷的試劑，稱為親核試劑。親核的「核」代表帶正電荷的原子核，有與帶正電荷的原子結合的傾向，所以稱為親核性。以**親核試劑**進行單分子反應，所以稱為**單分子親核置換反應**。

② 外消旋體的產生

中性產物❷呈現下圖所示的平面構造。所以試劑 Y^- 可以從a b任一側進行攻擊。如果從a攻擊，生成物就是3a；從 b 攻擊，生成物就是3b。3a 和3b 互為光學異構物，兩者 1：1 混合之後就稱為外消旋體。所以 S_N1 反應會產生外消旋體。

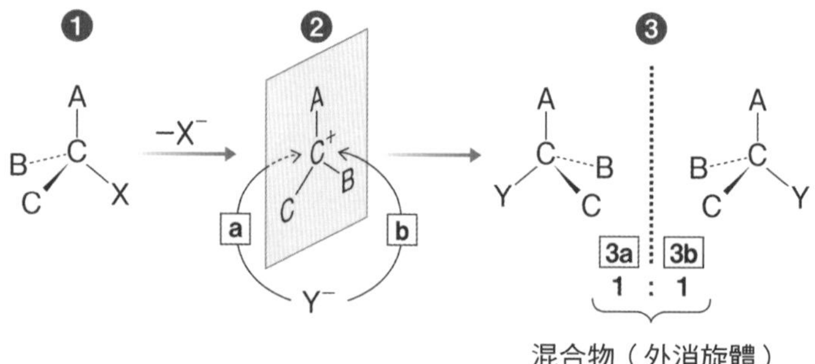

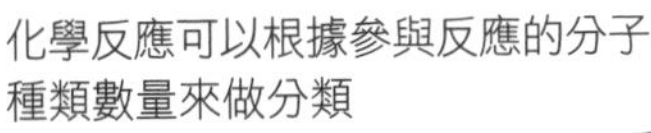

單分子反應	一個分子自行轉換為其他分子
雙分子反應	兩個分子進行反應變成其他分子

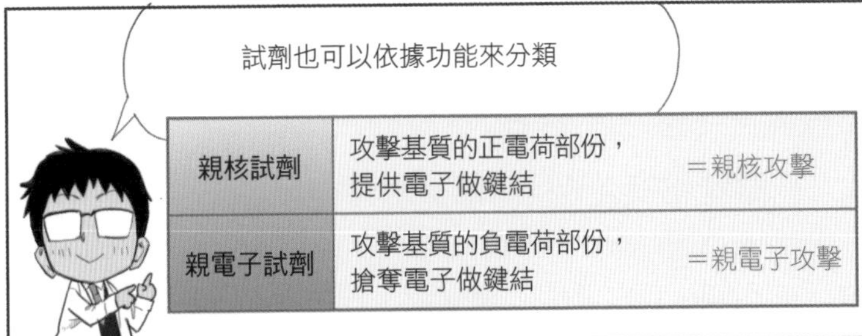

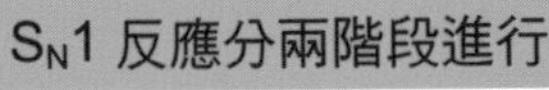

①置換基 X
脫離成為負離子

脫離

$$R-CH_2-X \rightarrow R-CH_2^{+} + X^{-}$$

正離子中間產物

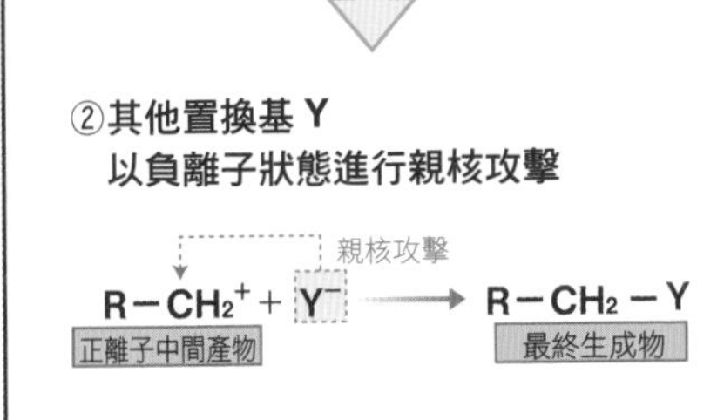

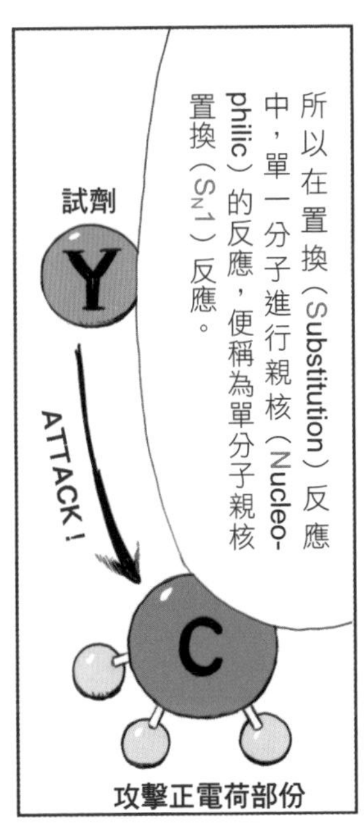

什麼是雙分子親核置換反應？

① 雙分子親核置換反應 S_N2 反應

S_N2 反應，是起始物質 1 與負離子 Y^- 兩個分子之間的衝突，所以稱為**雙分子反應**。S_N2 反應只有一個階段。

結構式中，從 Y^- 延伸出來的彎曲箭頭，代表 Y^- 上的電子對正進行攻擊。而從鍵結 C － X 指向 C 的箭頭，代表鍵結 C － X 的價電子對網 C 移動，成為 X 的電子對而跟 X 一起離開原本的分子。

② 瓦爾登轉換（Walden inversion）

在 S_N2 反應中，攻擊試劑 Y^- 會從離去基 X 內側攻擊，把 X 趕出去。所以起始分子的立體結構會翻轉。這就像雨傘被強風吹到開花的感覺。此現象以發現者的名字命名，稱為**瓦爾登轉換**。

也就是說，若在 S_N2 反應中以光學鏡像物的其中一種進行反應，生成物也只會有光學鏡像物的其中一種。只是立體結構會跟起始物質相反。

※ 不對稱碳

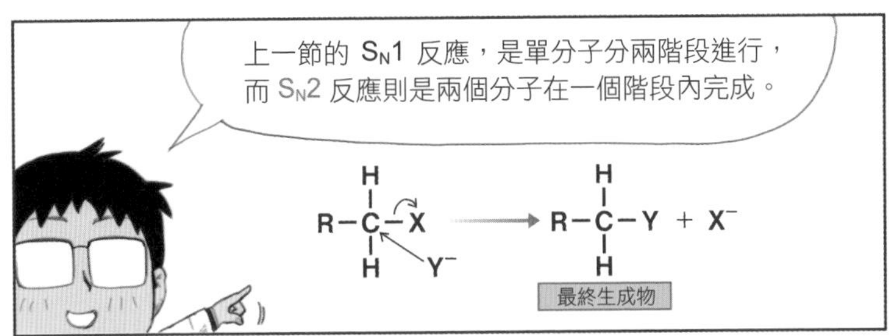
上一節的 S_N1 反應，是單分子分兩階段進行，
而 S_N2 反應則是兩個分子在一個階段內完成。
$R-CH_2-X + Y^- \longrightarrow R-CH_2-Y + X^-$
最終生成物

S_N1 反應是先脫去置換基 X，Y^- 才進行攻擊，所以是兩階段。
S_N2 反應是 **Y^- 的攻擊造成置換基 X 脫離**，所以看成一個階段。

唔——

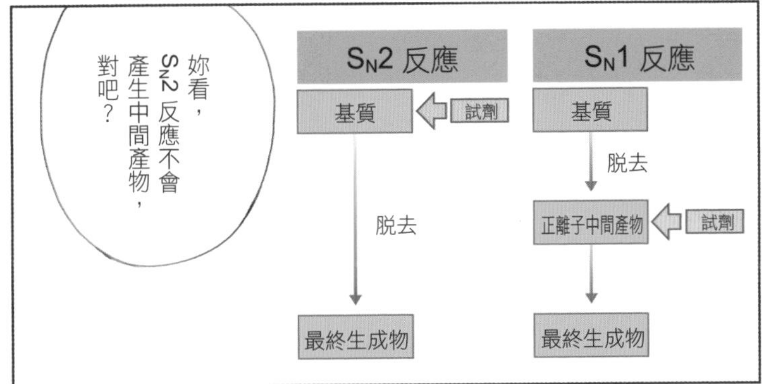
S_N1 反應
基質
脫去
正離子中間產物
試劑
最終生成物
S_N2 反應
基質
試劑
脫去
最終生成物
妳看，S_N2 反應不會產生中間產物，對吧？

哎呀，
總之可以變出來就好了吧？

公主！
在使用魔法之前，先跟我們一起做一次吧！
順便來杯熱茶如何？
喔，好啦……

脫去反應

① 脫去反應

當基質（較大的分子）的一部分脫離成為小分子，這種反應就稱為**脫去反應**（Elimination Reaction）。反應內容例如式 1，擁有離去基 X 的分子脫去一個分子 HX，然後形成雙鍵。

從醇中拿走水就剩下烯。去除水的反應稱為**脫水反應**。如果原本分子既是雙鍵又具有離去基X，當HX脫去之後就會形成三鍵。

② 產生醚是一種脫水縮合反應

上面的脫水反應中，一個醇分子會脫去一個水分子形成烯。但是如果兩個醇分子只脫去一個水分子，就會產生醚。這種脫水反應稱為**分子間脫水反應**。如果是分子兩端都有羥基的化合物，引發脫水反應之後就會成為**環狀醚**。由醇產生醚是一種脫水綜合反應（見§3-7，p.68）

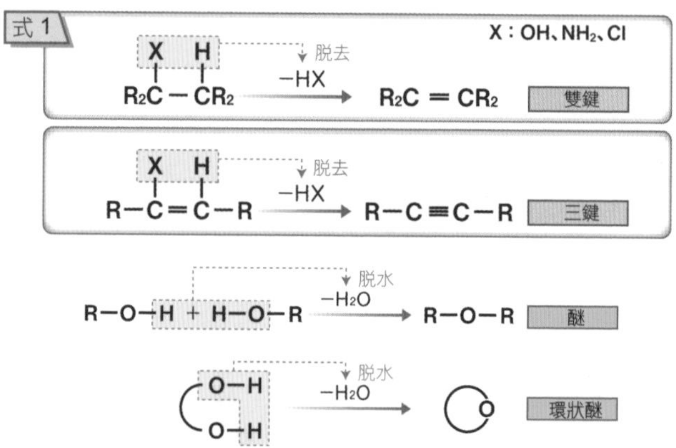

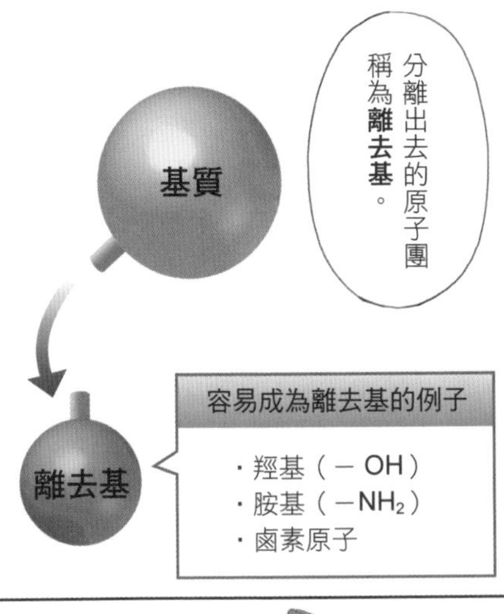

重點是離去基脱去之後多出來的價電子。

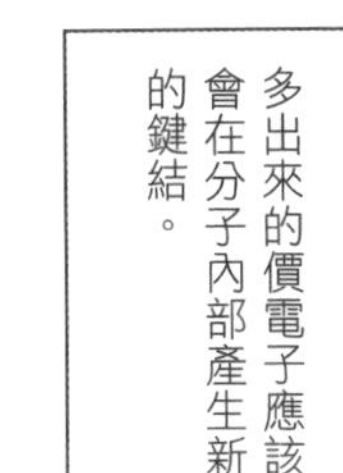

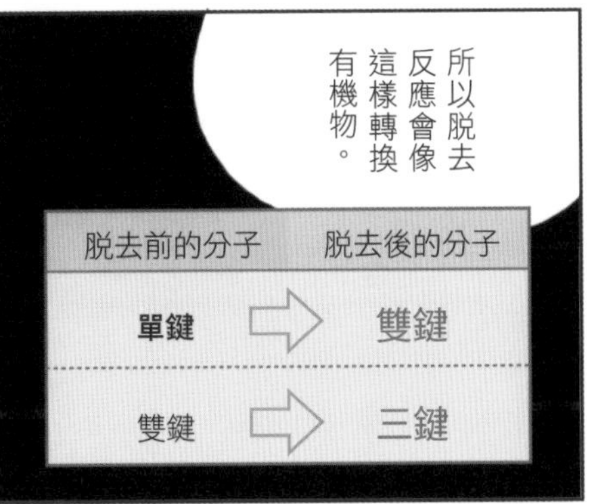

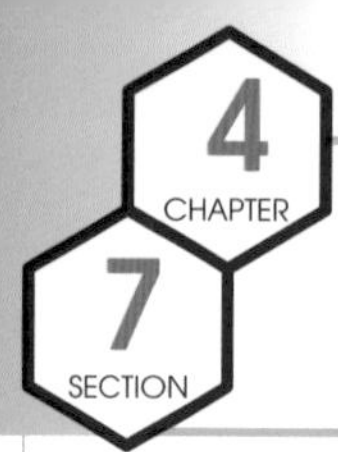

脫去反應如何進行？

① 單分子脫去反應

典型的脫去反應，就是單分子脫去反應（E1 反應）和雙分子脫去反應（E2 反應）。

E1 反應是兩階段反應。首先離去基 X 會分離成為 X^-，分子則成為正離子❷。❶的彎曲箭頭，代表鍵結 C − X 的價電子對往 X 移動，使 X 分離成為 X^-。

❷會脫去 H^+ 成為烯❸。❷上面的箭頭，代表形成 C − H 鍵的電子對會往 C − C 鍵結移動。結果 C − C 鍵結的電子對增加，鍵多了一條，成為雙鍵。氫則是少了電子而成為 H^+。

② 雙分子脫去反應（E2 反應）

E2 反應，是起始物質①與試劑 B^- 的雙分子反應。反應如❶中箭頭所示，B^- 的電子對會攻擊 H 形成 BH。受到攻擊之後，C − H 鍵結的電子對會往 C − C 鍵結移動，形成 C = C 的雙鍵。結果 C − X 鍵的價電子會往 X 移動，使 X 脫去成為 X^-。

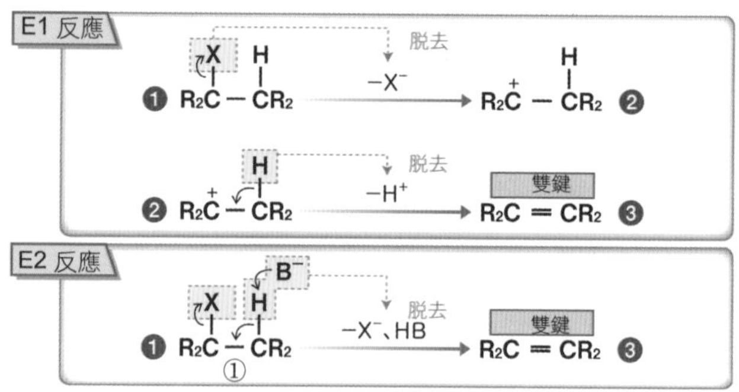

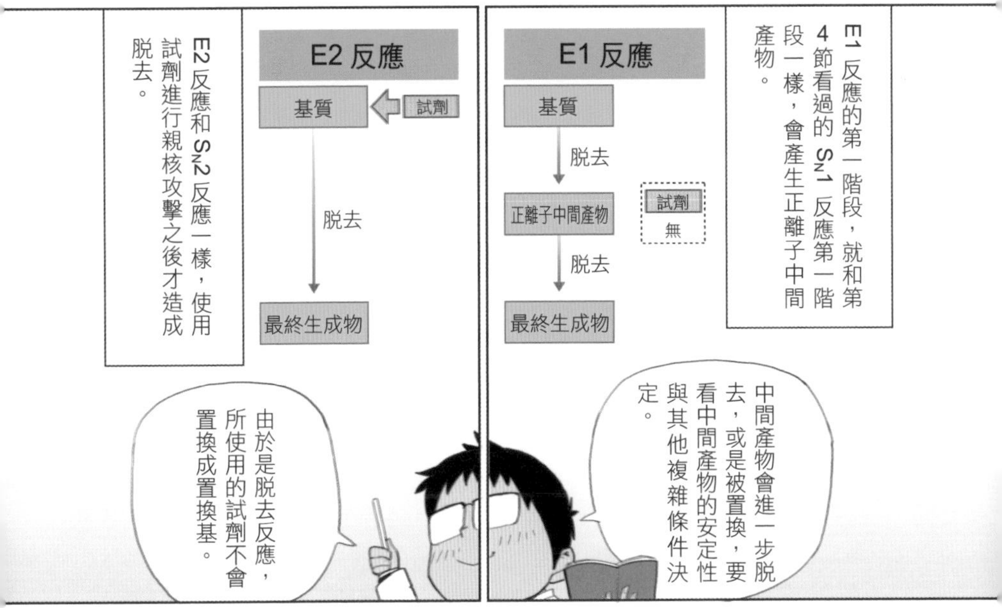

E1 反應的第一階段，就和第 4 節看過的 S_N1 反應第一階段一樣，會產生正離子中間產物。

E1 反應

基質 → 脱去 → 正離子中間產物 → 脱去 → 最終生成物

試劑：無

中間產物會進一步脱去，或是被置換，要看中間產物的安定性與其他複雜條件決定。

E2 反應和 S_N2 反應一樣，使用試劑進行親核攻擊之後才造成脱去。

E2 反應

試劑 → 基質 → 脱去 → 最終生成物

由於是脱去反應，所使用的試劑不會置換成置換基。

什麼是加成反應？

① 觸媒加氫反應

分子與其他分子結合成一新分子的反應，稱為**加成反應**。代表性的加成反應，是有金屬觸媒存在時，對雙鍵加上氫分子而變成單鍵的反應，稱為**觸媒加氫反應**，有時也稱為觸媒還原反應。

三鍵也會發生觸媒還原，而形成雙鍵，但是反應常會持續進行到成為單鍵為止。

三鍵的觸媒還原可以想到兩種機制。那就是順式加成❶和反式加成❷。❶是兩個氫原子加成到三鍵的同一邊，❷則是從三鍵的兩側進行攻擊。

② 選擇性

理論上觸媒加氫只會產生順式化合物❶，不會產生反式化合物。這種加成反應稱為**順式加成**。另外，有可能產生複數種生成物，卻只會產生其中某種特定分子的反應，稱為**選擇性的反應**。

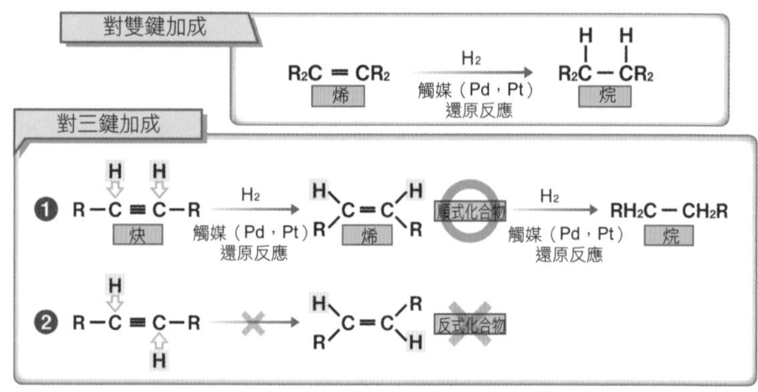

加成反應和脫去反應的意義正好相反。
有機物結構的流程也相反。

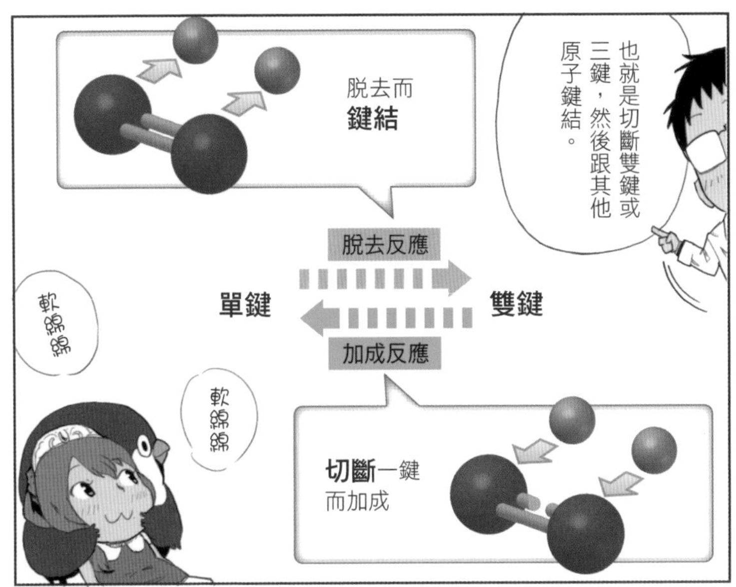
也就是切斷雙鍵或三鍵，然後跟其他原子鍵結。
脫去而
鍵結
脫去反應
單鍵
雙鍵
加成反應
切斷一鍵
而加成
軟綿綿
軟綿綿

有時候加成反應需要觸媒來促進試劑功能，
代表性反應就是氫加成。
觸媒
氫一定要接觸觸媒才能進行加成反應，
觸媒加氫反應
=
氫加成反應
=
不能沒有觸媒
所以稱為觸媒加氫反應。
下一節讓我們仔細探討觸媒的功能。

金屬觸媒觸什麼？

① 金屬結晶

為什麼**觸媒還原**的生成物只會有**順式**化合物？原因在於金屬觸媒的作用方式。

金屬為結晶體，由許多原子堆疊而成。每個結晶內部的原子，上下左右前後共連結六個原子，只有表面的原子多了一個價電子。如果氫分子與金屬接觸，就會在金屬表面形成弱鍵結。結果原本的 H － H 就變弱了。這時候的氫反應性非常高，稱為**活性氫**。

② 順式加成

當**炔類**接觸活性氫，活性氫就會一股腦加成上去。也就是加成到三鍵的同一邊。所以只會產生順式化合物。

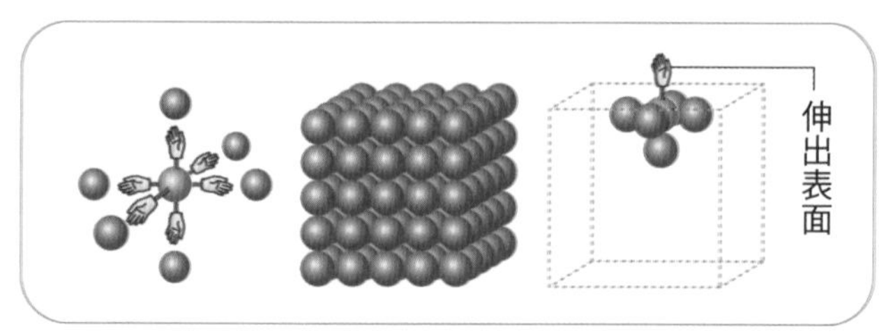

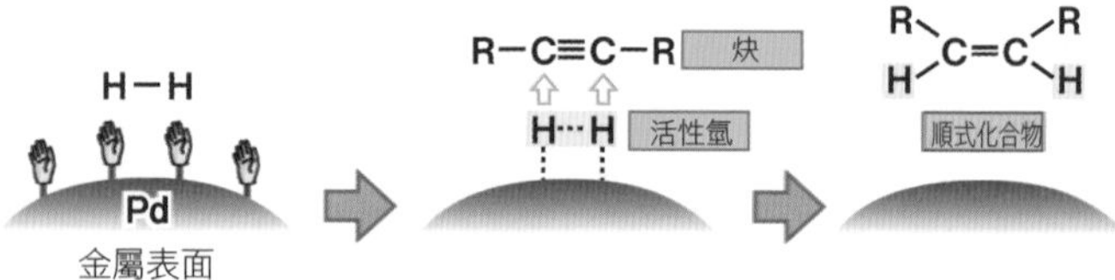

喀啦
喲！

這是哪位？
她是全世界金屬的王者，小金金。

啊，妳好……

說到觸媒！
所謂觸媒，
Pd
Pt

就是本身不改變，卻能促進一連串化學反應的物質。

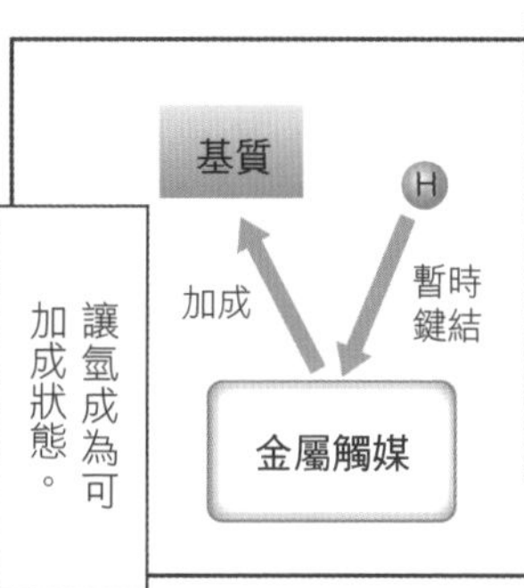
在觸媒還原反應中，觸媒會活化氫，
基質
H
加成
暫時鍵結
金屬觸媒
讓氫成為可加成狀態。

反應本身與觸媒毫無關聯。
……

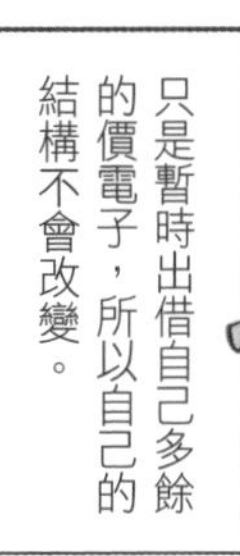
只是暫時出借自己多餘的價電子，所以自己的結構不會改變。

這個反應只會產生順式化合物，因為氫一定會排列在觸媒表面進行反應。
喀啦
快步
離去

咦……？
她可能變成觸媒了吧。
老師有被活化嗎？

什麼是反式加成？

① 溴加成

溴很容易與雙鍵、三鍵等不飽和鍵發生反應，提供加成物。但是對烯❶加成溴的話，只會產生反式加成溴的❸，而不會產生順式加成的❷。這種反應稱為**反式加成**。

② 反式加成

溴分子 Br_2 會分解為 Br^+ 和 Br^-。Br^+ 會與構成 C ＝ C 雙鍵的兩組鍵中其中一組進行反應。結果兩個碳與一個帶正電荷的溴離子組成有如三角形的鍵結，形成非正統性的正離子中間產物❹。

接著 Br^- 會攻擊❹。但是分子上面已經鍵結了 Br^+，所以 Br^- 只能從下方攻擊。也就是說，兩個溴原子會分別攻擊雙鍵的上邊與下邊，從相對兩端進行攻擊的意思。

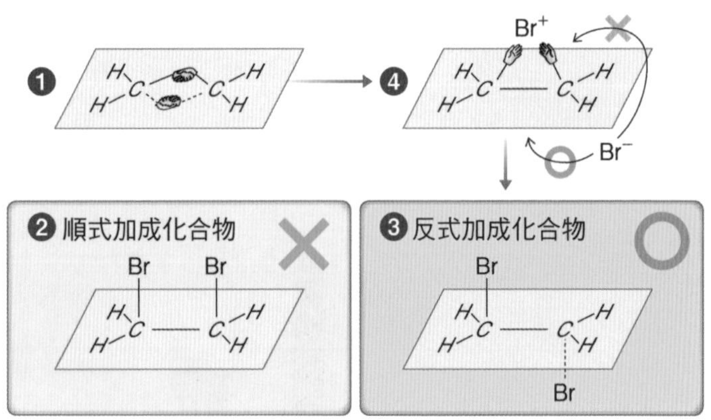

當兩個加成基相同，通常會同時產生順式化合物與反式化合物。

有選擇性之反應

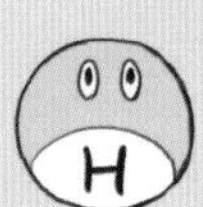

但其中也有特別例子，就是前面介紹的氫順式加成，以及本節介紹的溴反式加成。

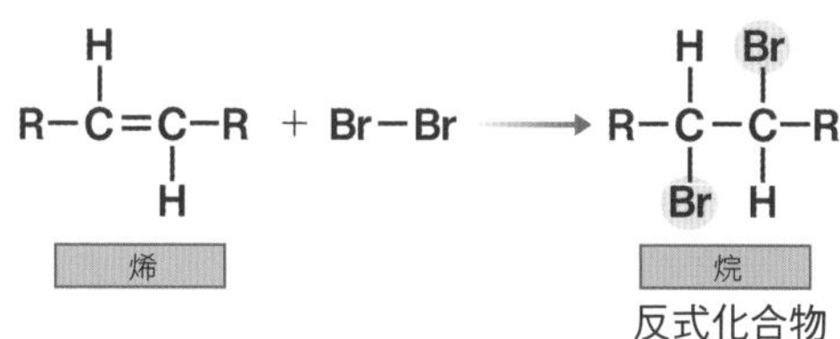

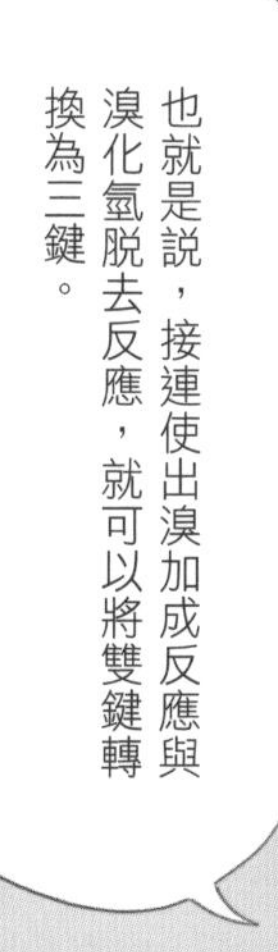

水也能加成喔

① 與雙鍵起反應

水不僅是用來溶解物質的反應溶媒。水也能當作試劑，積極參與反應過程。其中一個例子就是加成反應。水與烯加成就成為醇。乙烯加成水就成為乙醇。這是乙醇的工業合成反應。

② 與三鍵起反應

比較有趣的反應是水與三鍵的加成反應。反應會依正常程序進行，產生乙烯醇衍生物❶。但是乙烯醇通常被稱為烯醇類，不甚安定。

因此 OH 的氫會立刻往 C = C 的碳移動，異化為酮類的酮❷。這種異化稱為酮—烯醇 互變反應。

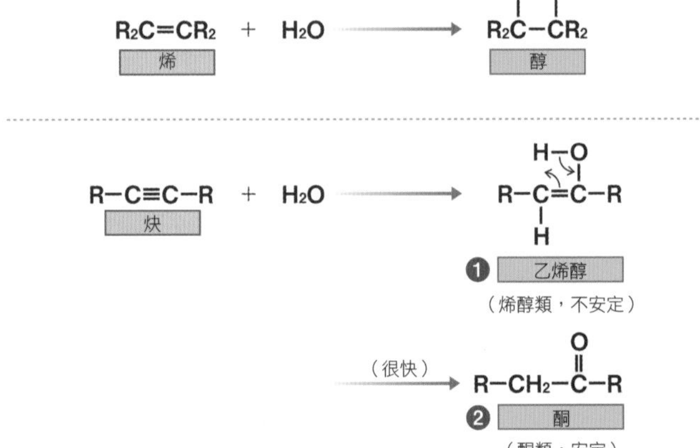

公主栽培的番茄已經又紅又熟了呢。

沒枉費我每天澆水啊。

啊，說到水呢，
……

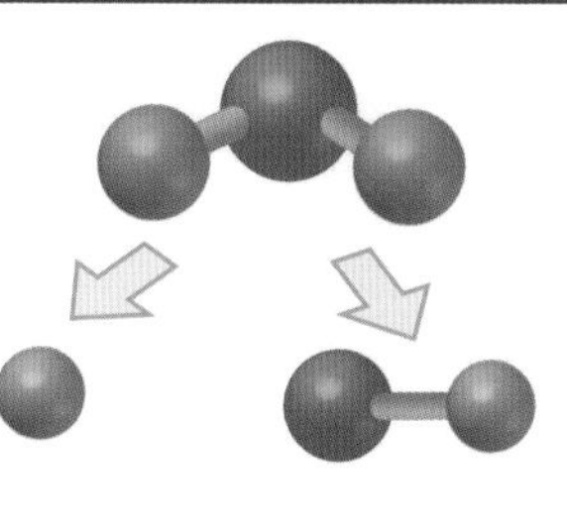
水也可以分離之後對其他分子加成喔。
……
之前的氫分子、溴分子就算分離，也只能產生同類原子，但是水就不同了。

加成水之後，
烯會變成醇，炔會變成酮。

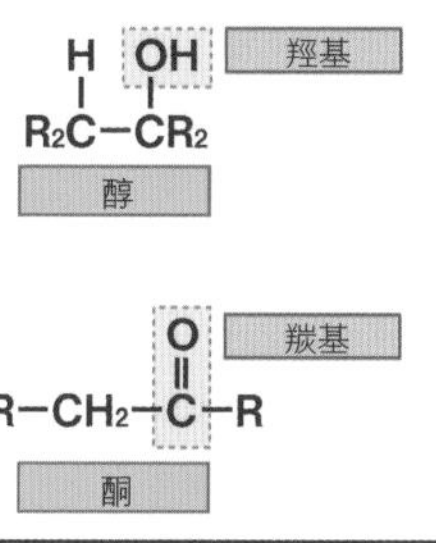
H　OH
R2C−CR2
羥基
醇
O
R−CH2−C−R
羰基
酮
水中含有的原子，有助於產生羥基和羰基。

看來我好像有些醉了呢……
酮還挺有勁的呢……

咦？那應該不可能吧。

加成反應生成環

① 狄—阿二氏環化加成反應

兩個分子在兩個位置上形成鍵結，產生環狀生成物，這種反應稱為**環化加成反應**。含取代基的丁二烯❶與含取代基的乙烯❷進行環化加成而產生環己烯衍生物❸的反應，便以發現者的名字命名為**狄—阿二氏環化加成反應**（狄爾士—阿德反應）。

如果如下圖般將❶與❷的碳編上編號，就可發現 $C_1 - C_6$、$C_4 - C_5$ 產生鍵結。

② 複雜的系統反應

下圖是環戊二烯❹與脫水縮蘋酸❺的反應，當化合物具有與反應無關的部分結構，就要特別用心找出實際產生反應的部份。我們可以看到以顏色標出的部份隱藏著丁二烯與乙烯。

此圖也像上圖一樣加上編號，$C_1 - C_6$、$C_4 - C_5$ 產生鍵結，把剩下的部份構造補足，就成為生成物❻。

丁二烯衍生物 ❶　乙烯衍生物 ❷　環己烯衍生物 ❸

脫水縮蘋酸 ❹　環戊二烯 ❺　❻

*正常情形下，丁二烯與乙烯不會環化形成環己烯。

本節要為加成反應做個收尾。
最後介紹的是**環化加成反應**。

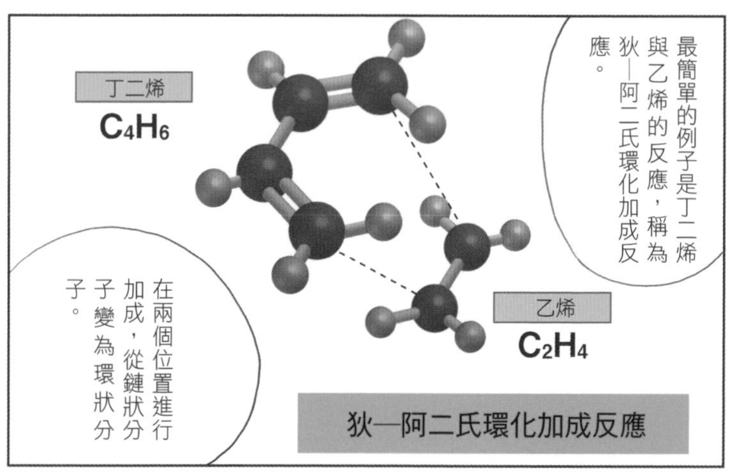
最簡單的例子是丁二烯與乙烯的反應，稱為狄—阿二氏環化加成反應。
丁二烯
C_4H_6
乙烯
C_2H_4
在兩個位置進行加成，從鏈狀分子變為環狀分子。
狄—阿二氏環化加成反應

這個好像看得懂，應該很簡單吧。
但是複雜的化合物中很容易混雜這項反應喔。
加成反應的對象通常是氫、水之類的小分子，
環化加成反應則是對大分子加成，產生環狀化合物。

氧化反應就是跟氧起反應？

① 環氧乙烷衍生物的產生

氧化還原反應有很多種，最典型的還是氧的接收與提供過程。當分子內部接受氧原子，就說這個分子被**氧化**了。

過氧羧酸就是比羧酸再多一個氧，然後把多出來的氧提供給其他物質，有很強的氧化作用。如果用過氧去氧化烯，就會產生環氧乙烷衍生物。

② 二醇的產生

如果用四氧化鋨 OsO_4 來氧化雙鍵，反應就會透過五員環中間生成物來進行。所以生成物是兩個羥基連接在分子同一邊的順式化合物。

像這種兩個羥基並列鍵結的醇，稱為 1, 2 －二醇。

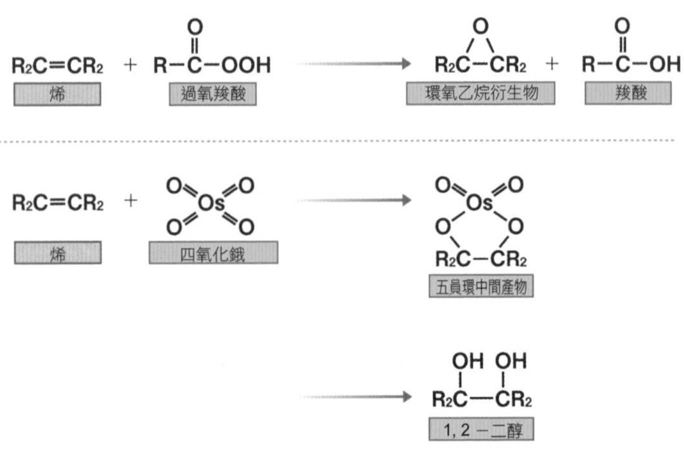

第4章最後讓我們來看跟氧有關的**氧化還原反應**。

這類反應的焦點在於氧的提供與接受。

提供氧叫做氧化。

搶走氧叫做還原。

也就是說，氧化和還原是從不同立場去看相同現象，兩者一定會同時出現。

氧化劑

氧化的性質	
氧化	被還原

氧（O）的移動

還原劑

還原的性質	
被氧化	還原

重要的不是彼此的立場，應該要注意「氧從哪裡移動到哪裡」。

只要注意移動方向，就不會把氧化劑和還原劑搞混。

氧化即切斷！

以過錳酸鉀來處理C＝C鍵的化，雙鍵就會被切斷，變成兩個 CO 雙鍵

Ⓐ **4 置換的情況：**以兩組含有兩個烷基的烯將雙鍵碳的兩個碳氧化，會產生兩個分子的酮（參考 5-1）。

Ⓑ **2 置換的情況：**以兩組含有一個烷基的烯將雙鍵碳的兩個碳氧化，會經歷醛之後產生兩個分子的羧酸（參考 5-1）。

Ⓒ **無置換的情況：**將乙烯氧化，會產生兩個分子的二氧化碳和水。

Ⓓ **ⒶⒷⒸ的應用實例：**將含有數個烷基的烯氧化，可以得到以上ⒶⒷⒸ任一種氧化物。

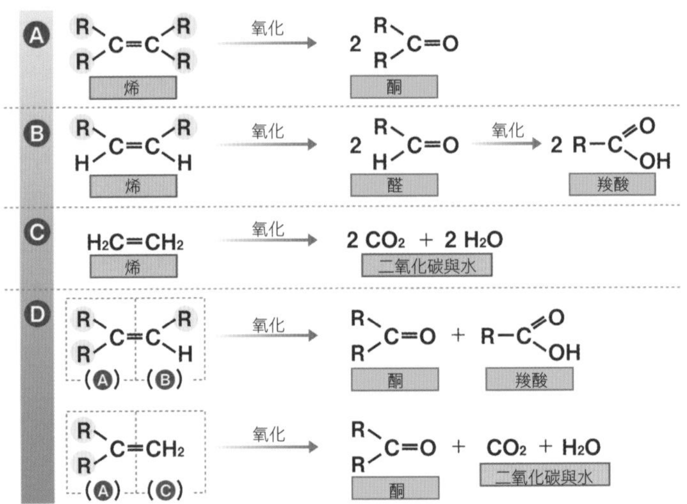

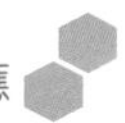

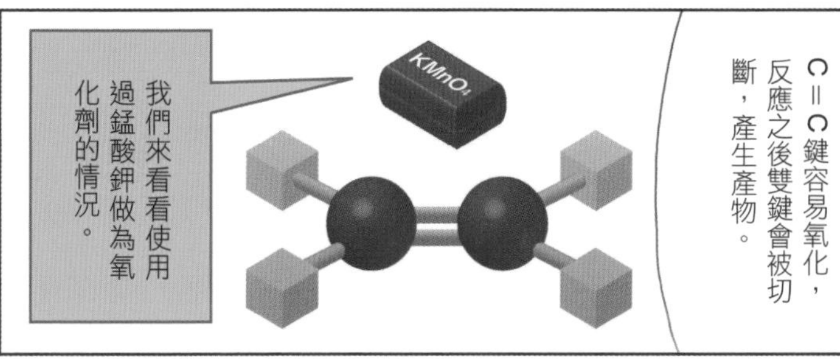

重點①

C＝C 鍵被切斷

重點②

切斷後的碳與接收的氧之間產生 C＝O 鍵

? ? C＝O　O＝C ? ?

重點 3

根據 ? 中的烷基數量覺定產生物

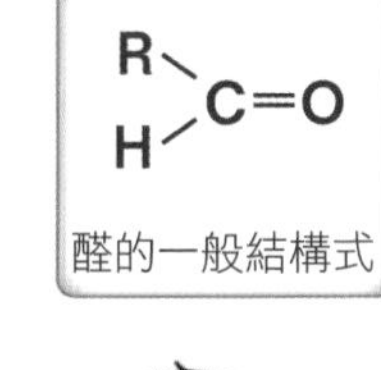

醛的一般結構式

R R C=O

酮的一般結構式

? ? C=O

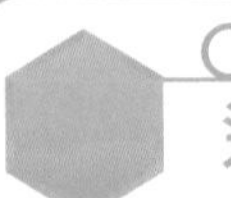

Column

連鎖反應

有一種化學反應稱為**連鎖反應**。連鎖反應就是不斷重複的相同反應。最為人所知的連鎖反應就是核分裂反應。核分裂反應是以中子衝撞原子核，造成原子核分裂來產生能量，同時釋出複數個中子。這些中子又會衝撞其他原子核，引起分裂反應。反應規模會隨著時間經過而愈來愈大，引發爆炸。

氟氯碳化合物（Freon）分解臭氧（O_2 的同素異構物）的反應也是連鎖反應。當氟氯碳化合物在臭氧層中照射到紫外線而分解，就會產生氯原子 Cl。氯原子衝撞臭氧 O_3 會產生氧 O_2 和 OCl。而 OCl 與臭氧衝撞，又會產生兩個 O_2 與 Cl。也就是說氯會重生。重生的氯又會去攻擊臭氧。

據說一個氟氯碳化合物分子，就足以破壞數千個臭氧分子。

$$CF_3Cl \xrightarrow{\text{紫外線}} CF_3\cdot + Cl\cdot$$

（CF_3Cl：氟氯碳化合物）

$$Cl\cdot + O_3 \longrightarrow O_2 + OCl\cdot$$

（O_3：臭氧）

$$OCl\cdot + O_3 \longrightarrow 2O_2 + Cl\cdot$$

反覆

應用化學反應

有機分子會進行複雜的化學反應，變化成讓人意想不到的新分子。但這些反應依然只是基礎化學反應的排列組合。有些特別重要的反應，會以發現者的名字命名。

怎麼合成酮與醛？

具有 C = O 鍵的化合物通稱為**羰基化合物**。羰基化合物包含**酮**、**醛**、**羧酸**。

讓我們看看酮與醛的一些合成法。

Ⓐ 醇的氧化

將第一級醇氧化就會得到醛。通常得到醛之後反應並不會停止，而會繼續氧化到成為羧酸為止。另一方面，將第二級醇氧化會得到酮。

Ⓑ 雙鍵的氧化裂解

碳－碳雙鍵上如各只連接一個烷基，氧化裂解之後會成為醛，但是跟上面一樣，最後還是會氧化成羧酸。

碳－碳雙鍵上如各有兩個烷基，氧化裂解之後產生酮。

Ⓐ

$$\underset{\text{第一級醇}}{R-CH_2-OH} \xrightarrow{\text{氧化}(O)} \underset{\text{醛}}{R-C(=O)-H} \quad \left(\xrightarrow{\text{氧化}(O)} \underset{\text{羧酸}}{R-C(=O)-O-H} \right)$$

$$\underset{\text{第二級醇}}{R_2CH-OH} \xrightarrow{\text{氧化}(O)} \underset{\text{酮}}{R_2C=O}$$

Ⓑ

$$\underset{\text{雙鍵}}{RHC=CHR} \xrightarrow{\text{氧化}(O)} 2\ \underset{\text{醛}}{R-C(=O)-H} \quad \left(\xrightarrow{\text{氧化}(O)} 2\ \underset{\text{羧酸}}{R-C(=O)-O-H} \right)$$

$$\underset{\text{雙鍵}}{R'RC=CRR'} \xrightarrow{\text{氧化}(O)} 2\ \underset{\text{酮}}{R'RC=O}$$

上一章我們學到一些產生新鍵結的化學反應模式。

起始分子

置換　脫去

加成　氧化還原

從這裡開始分類，

來看從一個起始分子確實獲得各種產生物的狀況。

從第3章看到的開始……

有機化學

翻頁

本章討論的起始分子	
羰基化合物（酮、醛、羧酸的總稱）	苯（芳香族代表）
	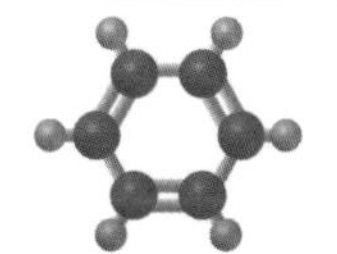
C＝O 雙鍵	芳香性分子
豐富的反應性	有限的反應性

羰基化合物與苯！這兩者都是基礎工業物質。

那麼前半場就來看羰基化合物吧。

不過呢，

要先從合成羰基化合物開始，才有起始分子。

左邊頁面！

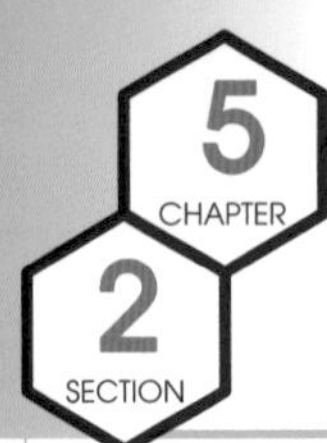

怎樣合成羧酸？

① 醇、醛的氧化

羧酸的**羰基**對碳來說，是僅次於二氧化碳的最極限氧化型式。所以要合成羧酸，只要將碳化合物徹底氧化即可。

將第一級醇氧化，就會經歷醛而產生羧酸。所以只要將醛氧化就會得到羧酸。

② 雙鍵的氧化裂解

當一個雙鍵碳連接一個烷基，將雙鍵**氧化裂解**，就會變成醛，進而產生羧酸。另外，以五氧化二釩將萘氧化，會產生二元羧酸**鄰一苯二甲酸**。

$$R-CH_2-OH \xrightarrow{\text{氧化 (O)}} R-C(=O)-H \xrightarrow{\text{氧化 (O)}} R-C(=O)-O-H$$

第一級醇　　醛　　羧酸

$$(R)(H)C=C(R)(H) \xrightarrow{\text{氧化 (O)}} 2\ (R)(H)C=O \xrightarrow{\text{氧化 (O)}} 2\ R-C(=O)-H$$

雙鍵　　醛　　羧酸

$$\text{萘} \xrightarrow{\text{氧化 } (V_2O_5)} C_6H_4(CO_2H)_2$$

萘　　鄰一苯二甲酸

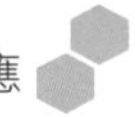

醇氧化	
種類	生成物
第一級醇	醛
第二級醇	酮

C＝C 雙鍵氧化	
C＝C 鍵結的烷基	生成物
每個碳各一個	醛
四個	酮

把上一節的酮與醛合成法整理一下，就像這樣。

醛是還原性很強的物質，也就是容易氧化的意思。

R−C(=O)H

醛

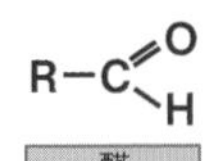

馬上就被氧化

R−C(=O)−O−H

羧酸

羧酸是醛氧化之後產生的物質，所以合成羧酸可以看成合成醛的延伸。

以氧化反應準備羰基化合物

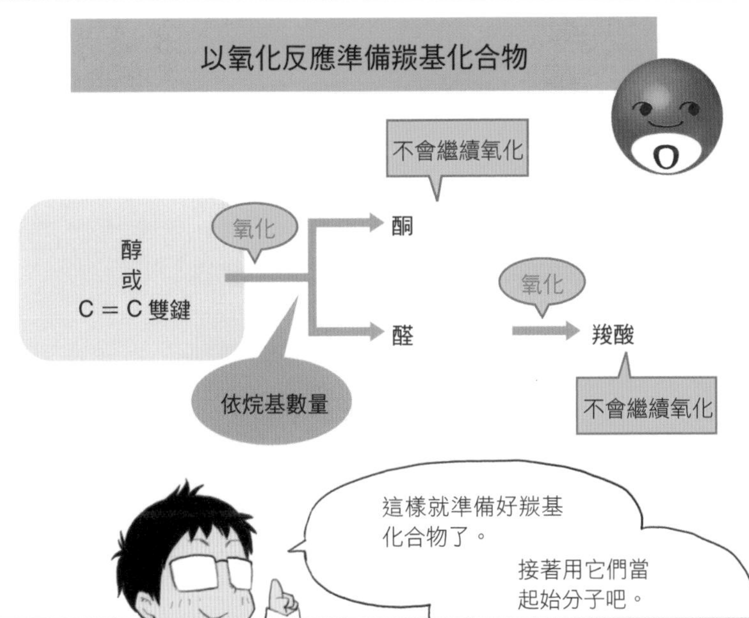

把C＝O鍵結氧化還原會如何？

① C ＝ O 鍵結還原

某種物質與氧結合，或是被搶走氫，就說該物質**被氧化**。反之，若被搶走氧或是與氫結合，就說該物質**被還原**。

以氫來還原酮，會得到第二級醇。醛和羧酸還原之後會得到第一級醇。

② C ＝ O 鍵結氧化

醛氧化之後會成為羧酸。另一方面，酮和羧酸已經充分氧化，不必擔心它們繼續氧化。但是蟻酸例外，它有甲醯基，所以具有醛的性質，並具有還原性。

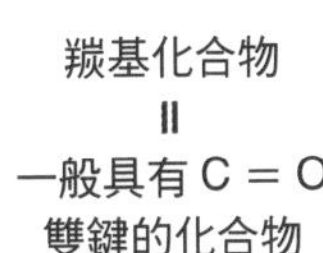

第4章第13節以氧的提供與接受來說明氧化還原反應。

但是除了氧之外，氫的提供與接受也可以稱為氧化還原反應。

氧化的性質	
氧化	被還原

氫（H_2）的移動

還原劑

還原的性質	
被氧化	還原

獲得氫的物質稱為**被還原**。所以前面講過的觸媒加氫又稱為觸媒還原。

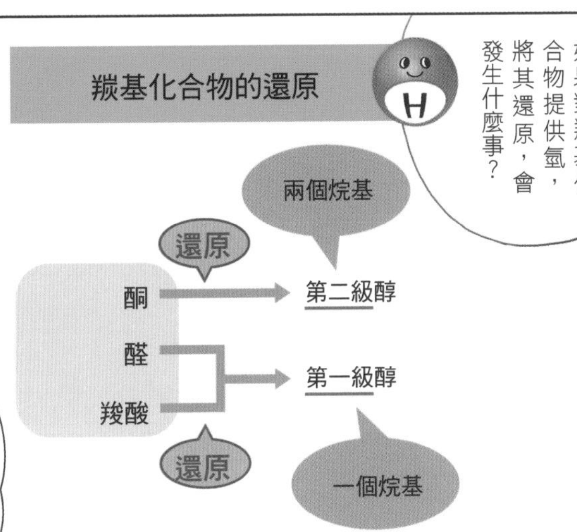

C = O 鍵結的加成反應

① 鍵極化與離子性

羰基化合物的反應性較高，可以與各種試劑起反應，產生各種生成物，是不可或缺的工業原料。

構成 C = O 鍵結的碳（電負度 2.5）與氧（3.5）兩者電負度不同，所以會產生**鍵極化**。也就是說碳會帶部分正電，氧會帶部分負電。結果羰基的碳就容易受到親核試劑的攻擊。

② 攻擊 C = O 鍵結

我們來看試劑 X－Y 與 C = O 鍵結❶的反應。因 X 帶部分負電荷（$X^{\delta-}$－$Y^{\delta+}$），故 X－Y 相當於親核試劑，$X^{\delta-}$—攻擊帶部分正電的 C，結果，構成 C = O 鍵結的兩組價電子對中，有一組會往氧原子上面移動，產生離子中間產物❷。❷和 Y 作用，就成為生成物❸。

結果反應就成為對❶加成 XY，從 $X^{\delta-}$ 的親核攻擊開始。所以這種反應稱為**親核加成反應**。

C = O 鍵結的碳帶正電

$$R_2C^{\delta+}=O^{\delta-}$$

2.5　3.5 ← 電負度

❶ $R_2C=O$ + $X^{\delta-}$－$Y^{\delta+}$ （雙鍵） → ❷ $R_2C(X)-O^-$ （離子中間產物） →(Y^+) ❸ $R_2C(X)-OY$

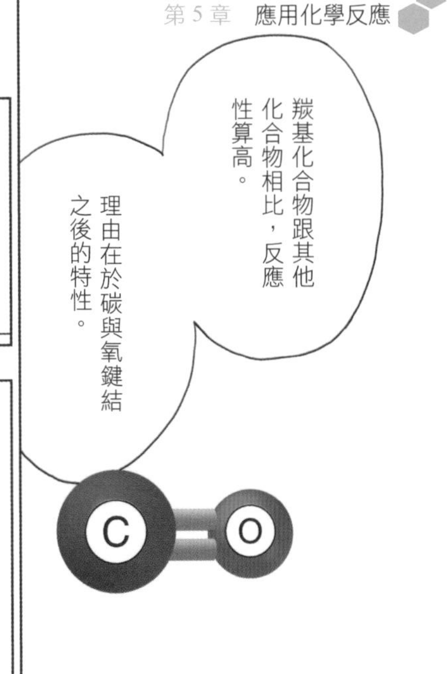

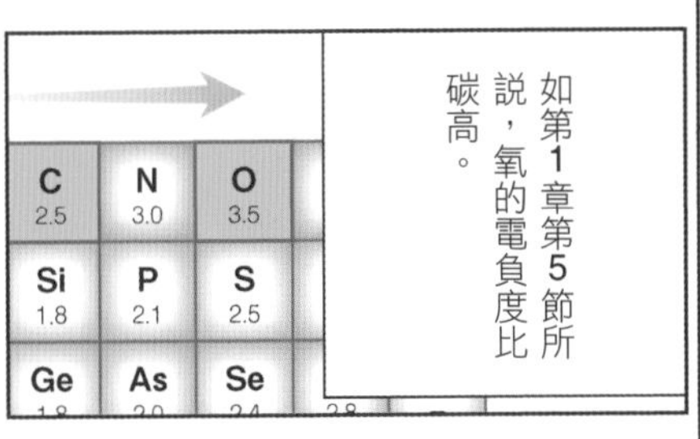

所以C＝O鍵結的電子雲會被拉往氧的方向，

δ^{+} δ^{-}

C＝O

造成碳稍微帶正電。

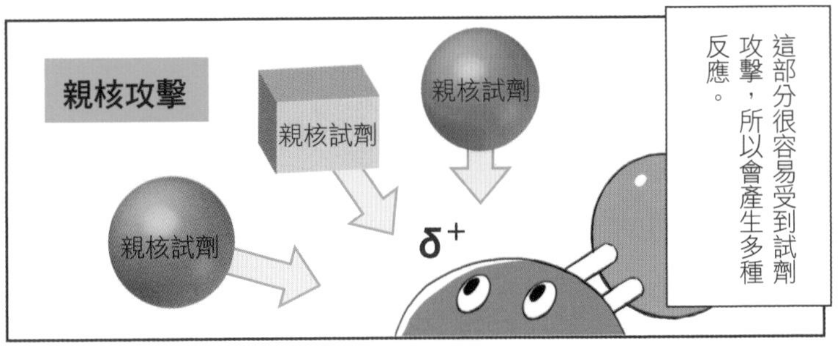

第4章看過的加成反應，再搭配親核試劑的攻擊，稱為**親核加成反應**。

親核加成反應

基質 ← 試劑

（親核攻擊）

（加成）↓

最終生成物

羰基化合物的反應大多藉由這種親核加成反應來進行。

親核加成反應的種種

① 醇的加成反應

醇之中的氧帶部分負電，所以能進行親核攻擊。如果用醇攻擊酮，就會產生離子中間產物❶。當 H 往這裡移動，就會成為半縮醛❷。

② 胺的加成反應

胺之中的氮也帶部分負電，對酮進行親核加成會產生中間產物❸。但是❸之中與OH並排的氮上面還有個H。所以立刻就會脫去水，成為具有C＝N雙鍵的生成物❹。一般具有 C ＝ N 雙鍵的化合物稱為亞胺。

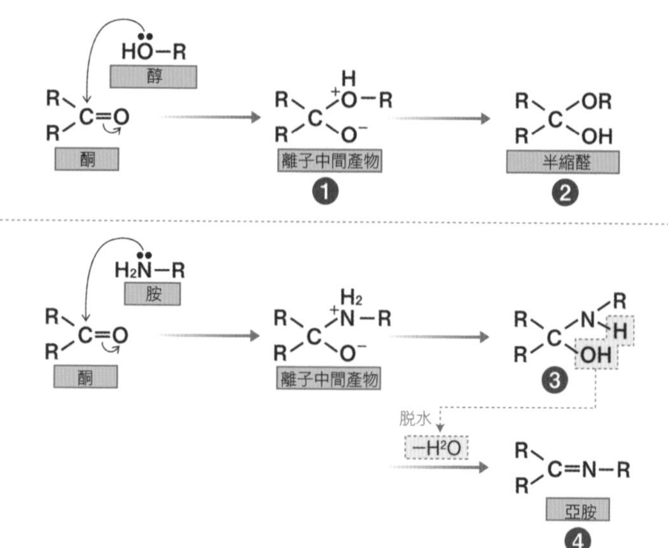

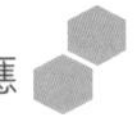

醇和**胺**本身就可以成為親核試劑，去攻擊羰基化合物。

$\overset{\delta^-}{\text{R—OH}}$　　$\overset{\delta^-}{\text{R—NH}_2}$

胺基　　羥基

因為這兩種物質的置換基中分別含有**帶負電**的氧和氮。

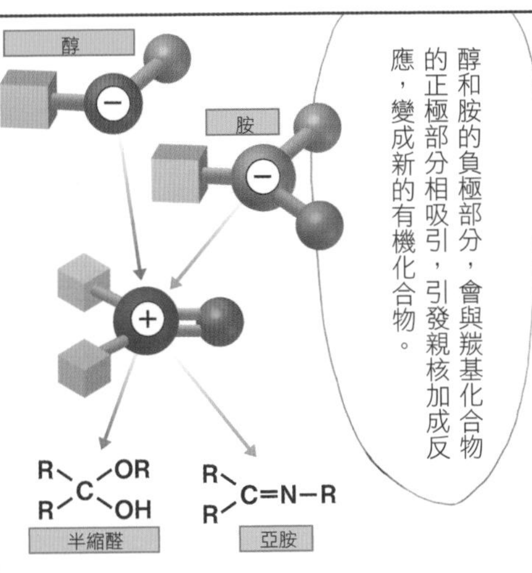

什麼是格林納反應？

① 格林納反應

格林納反應，是將羰基化合物❶變成醇❷的反應，以發現者的名字來命名。操作簡單，生產率又高，是常用的合成反應。

本反應分三階段進行。就是①**調配格林納試劑**，②**格林納試劑與 C ＝ O 鍵結的反應**，③**分解中間產物**。

② 調配格林納試劑

以金屬鎂Mg對鹵化烷❸作用，就會產生**格林納試劑**❹。這種有機物與金屬結合而成的試劑，一般稱為**有機金屬試劑**。

③ 格林納試劑的反應

格林納試劑由負離子 R^- 與正離子 MgX^+ 所構成。R^- 對羰基中的碳進行親核攻擊，產生離子中間產物❺。將❺水解之後，就產生最終生成物醇❷。有關此反應的細節，將於第 9 章再次說明。

$$R{-}X + Mg \xrightarrow{①} R^- MgX^+$$

❸ 鹵化烷　❹ 格林納試劑　親核試劑

$$R_2C{=}O \xrightarrow{②\ (R^-)} R_2C(R)OMgX \xrightarrow[H_2O]{③} R_2C(R)OH$$

❶ 酮　❺ 離子中間產物　❷ 第三級醇

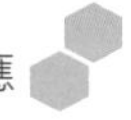

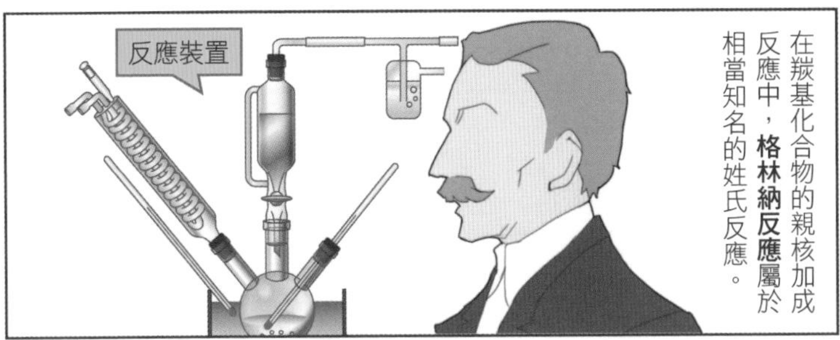
在羰基化合物的親核加成反應中，**格林納反應**屬於相當知名的姓氏反應。
反應裝置

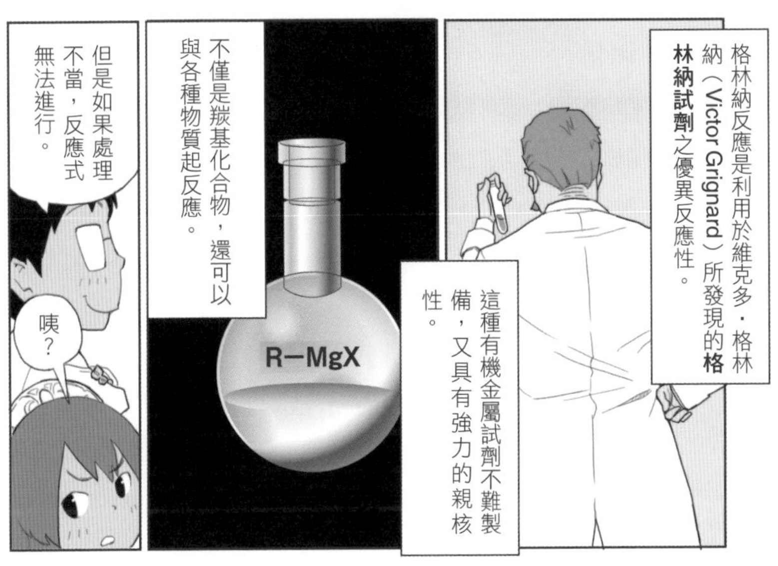
格林納反應是利用於維克多・格林納（Victor Grignard）所發現的**格林納試劑**之優異反應性。
這種有機金屬試劑不難製備，又具有強力的親核性。
R−MgX
不僅是羰基化合物，還可以與各種物質起反應。
但是如果處理不當，反應式無法進行。
咦？

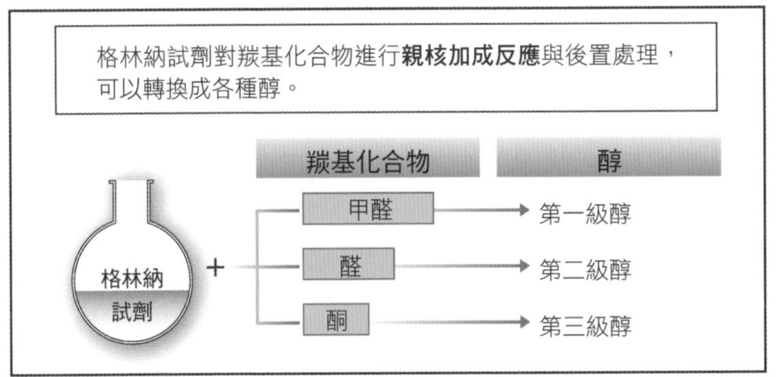
格林納試劑對羰基化合物進行**親核加成反應**與後置處理，可以轉換成各種醇。
羰基化合物
醇
格林納試劑
+
甲醛
第一級醇
醛
第二級醇
酮
第三級醇

苯會進行親電子置換反應

① 硝化反應

苯的骨架很安定，所以很難破壞苯的結構。也就是說，苯不會藉由加成反應去破壞雙鍵，或是藉由脫去反應來增加雙鍵。

因此，苯通常進行的是**置換反應**，代表性的苯置換反應包含**硝化**。

② 反應機制

當苯與硫酸、硝酸起作用，就會產生硝基苯。反應過程是硝酸產生 NO_2^+ 去攻擊苯，而產生正離子中間體。這種以親電子試劑進行的置換反應，稱為**親電子置換反應**（S_E 反應）。

結構式上的小箭頭，表示電子對的移動方向，而不是試劑本身的移動方向。所以箭頭從苯的雙鍵指向 NO_2^+。

當 H^+ 自中間產物脫離，就產生硝基苯。

$$H{-}O{-}NO_2 \xrightarrow[H_2SO_4]{H^+} H{-}\overset{+}{\underset{H}{O}}{-}NO_2 \xrightarrow{-H_2O} NO_2^+$$

硝酸　　　　硝基正離子　　親電子試劑

$$C_6H_6 + NO_2^+ \longrightarrow [C_6H_6NO_2]^+ \xrightarrow{-H^+} C_6H_5NO_2$$

苯　　　　離子中間體　　　　硝基苯

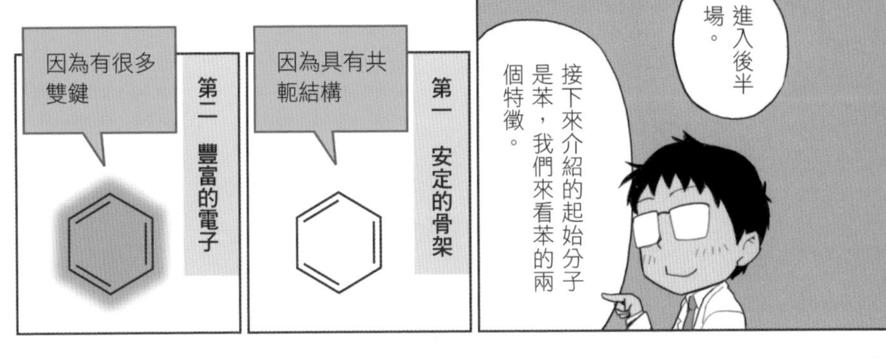

苯的兩項特徵限制了反應性。

安定的骨架

不會想要改變骨架（加成、脫去）

只能進行交換原子種類的置換反應

豐富的電子

不會進行增加電子的反應

只接受搶奪電子的親電子試劑

苯會進行親電子置換反應

第 4 章看過親核置換反應（**S_N 反應**），其試劑進行親核攻擊。

當試劑進行親電子（Electrophilic）攻擊，則稱為親電子置換反應（**S_E 反應**）。

	種類	試劑
置換反應	S_N 反應	親核試劑
	S_E 反應	親電子試劑

乍看之下，苯很缺乏反應性，但是只要使用親電子置換反應，就能合成許多化合物。

親電子置換反應的種種

① 磺化反應

對苯環進行親電子置換反應時的反應機制，與硝化類似。不同點只有親電子試劑 X^+ 的構造。

以**濃硫酸**對苯作用，會產生**苯磺酸**，硫酸所產生的 SO_3H^+ 會攻擊苯，反應機制與硝化相似。

② 弗瑞德——克來福特烷化反應

弗瑞德—克來福特反應（簡稱弗—克二氏反應）以兩位發現人的名字共同命名。以氯化烷 RCl 與氯化鋁 $AlCl_3$ 對苯作用，會產生烷苯。將 C − C 鍵結導入苯之中，是重要的合成反應。

反應過程首先使 RCl 與 $AlCl_3$ 起反應，產生錯離子 $[AlCl_4]^-R^+$。其中的 R^+ 就會成為親電子試劑進行反應。

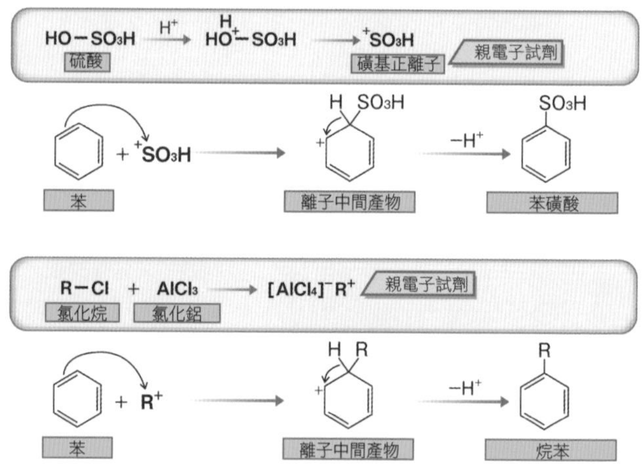

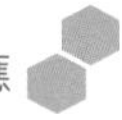

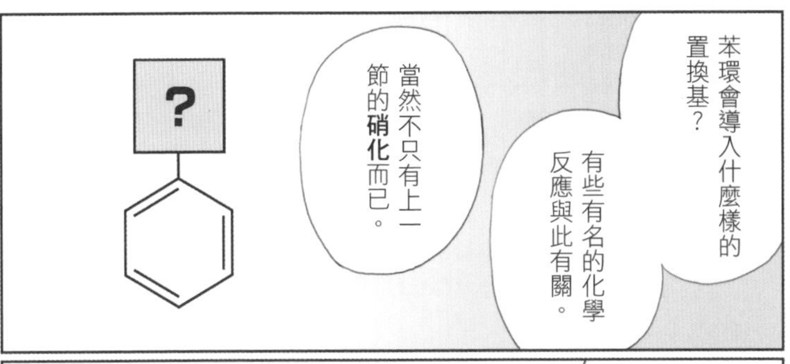

還有**磺化**和**弗─克二氏**的**烷化反應**

苯的親核置換反應

反應名稱	試劑	導入的置換基
硝化	NO_2^+	硝基（$-NO_2$）
磺化	SO_3H^+	磺基（$-SO_3H$）
弗瑞德—克來福特烷化反應	RCl 和 $AlCl_3$	烷基（$-R$）

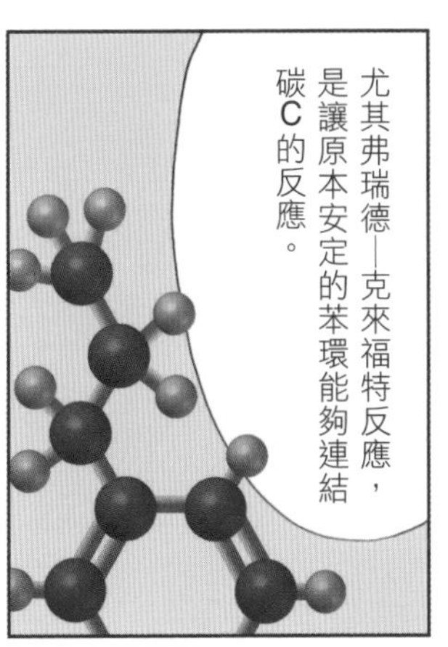

官能基的變化

① 氧化還原反應

有些官能基會因為化學反應，而轉換為其他的官能基。

將烷苯氧化，**烷基**就可以被氧化為**羧基**，使分子成為苯甲酸。

另一方面，以錫 Sn 和鹽酸 HCl 來還原硝基苯，**硝基**就會變成**胺基**，進而產生苯胺。這是因為 Sn 與 HCl 反應產生的氫，發揮了**還原劑**功能的緣故。

② 腈基、羥基的合成

羧基會變成**腈基**。也就是說，以氨對苯甲酸作用會產生醯胺，再以五氧化磷 P_2O_5 引發脫水反應，產生苯腈。

在無溶媒的狀態下，將苯磺酸與氫氧化鈉混合加熱（稱為**熔融**），會產生酚的鈉鹽。以水分解此鹽，就成為酚。

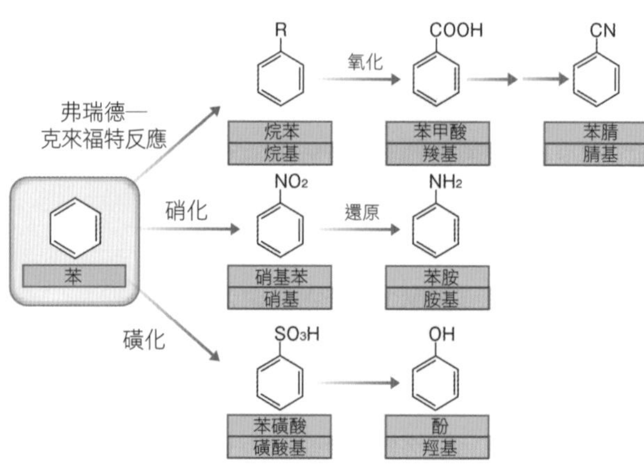

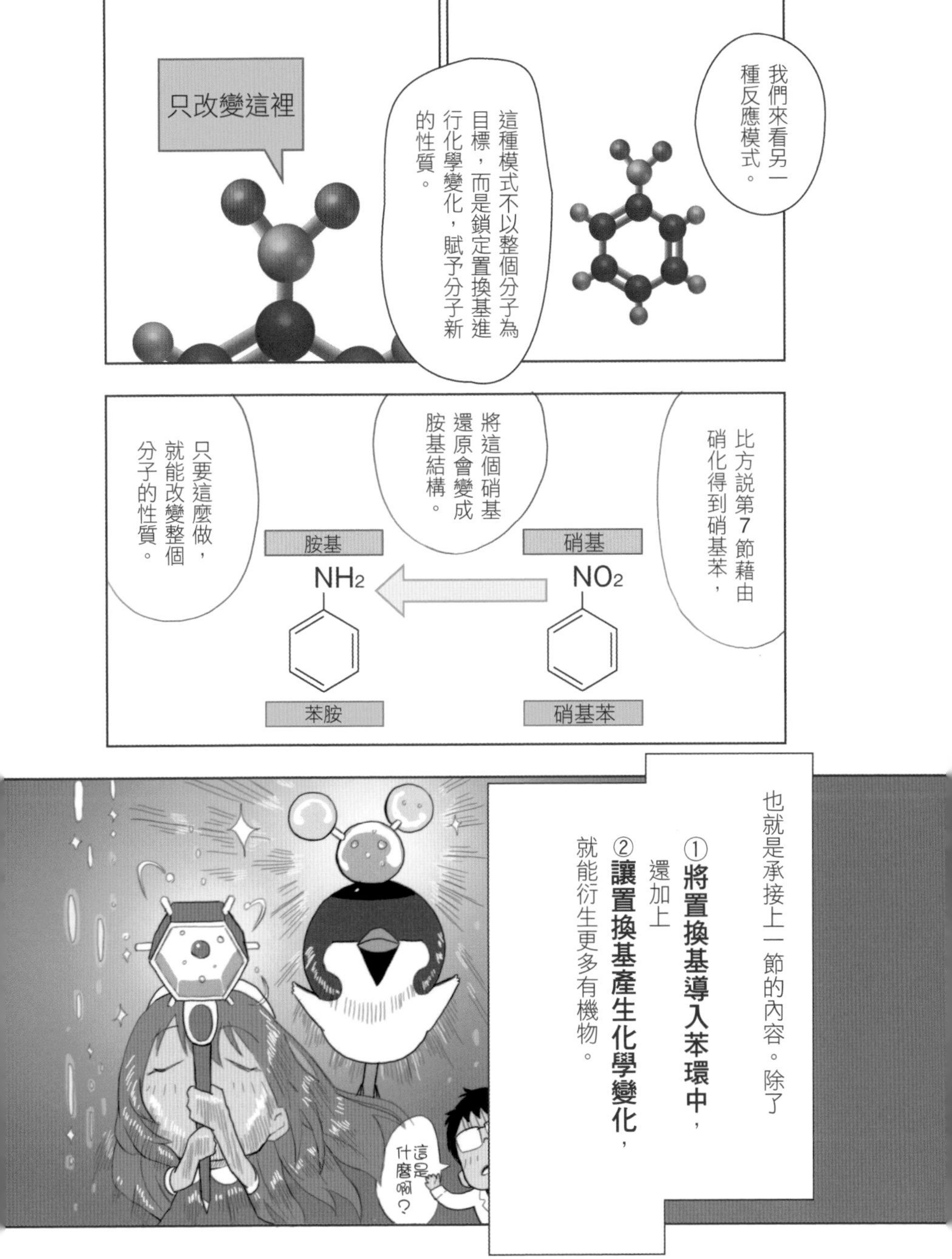

我們來看另一種反應模式。

這種模式不以整個分子為目標，而是鎖定置換基進行化學變化，賦予分子新的性質。

只改變這裡

比方說第7節藉由硝化得到硝基苯，

將這個硝基還原會變成胺基結構。

只要這麼做，就能改變整個分子的性質。

硝基 NO_2 → 胺基 NH_2

硝基苯　　苯胺

也就是承接上一節的內容。除了

①將置換基導入苯環中，

還加上

②讓置換基產生化學變化，

就能衍生更多有機物。

重氮鹽的反應

① 桑德邁爾反應

以鹽酸與亞硝酸鹽對苯胺作用，會產生重氮苯❶。我們可以用❶合成各種苯衍生物。比方說以酸來處理❶，就會產生酚。

❶與銅鹽的反應稱為**桑德邁爾反應**。以❶與鹵化銅 CuX 或氰化亞銅 CuCN 起反應，會分別產生鹵化苯、苯腈。

② 耦合反應

若❶與苯胺或酚起反應，就會產生置換物。這種反應稱為**耦合反應**。由於此反應之生成物通常具有鮮艷色彩，故可用來製作各種顏料與染料，稱為偶氮染料。

$$\underset{\text{苯胺}}{C_6H_5\text{-}NH_2} \xrightarrow{HCl/NaNO_2} \underset{\text{氯化苯重氮鹽 ❶}}{C_6H_5\text{-}N{\equiv}\overset{+}{N}\ Cl^-}$$

- $\xrightarrow{H_2O}$ $C_6H_5\text{-}OH$（酚）
- $\xrightarrow{CuX}$ $C_6H_5\text{-}X$（鹵化苯）— 桑德邁爾反應
- $\xrightarrow{CuCN}$ $C_6H_5\text{-}CN$（苯腈）— 桑德邁爾反應

$$\underset{\text{氯化重氮苯}}{C_6H_5\text{-}N{\equiv}\overset{+}{N}\ Cl^-} + C_6H_5\text{-}X \longrightarrow \underset{\text{偶氮化合物}}{C_6H_5\text{-}N{=}N\text{-}C_6H_4\text{-}X}$$

（X：NH_2 或 OH）
NH_2：苯胺　OH：酚

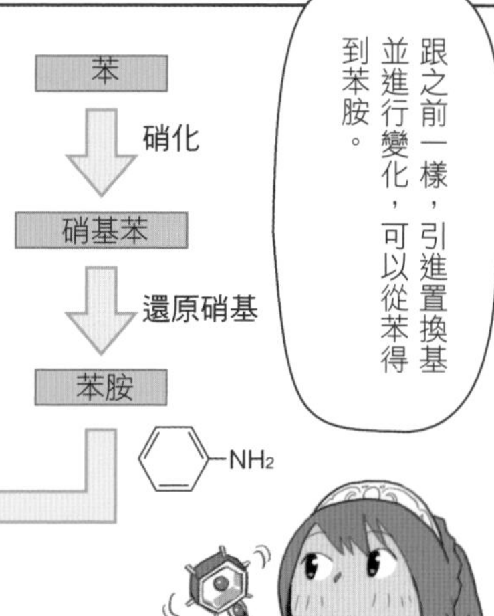

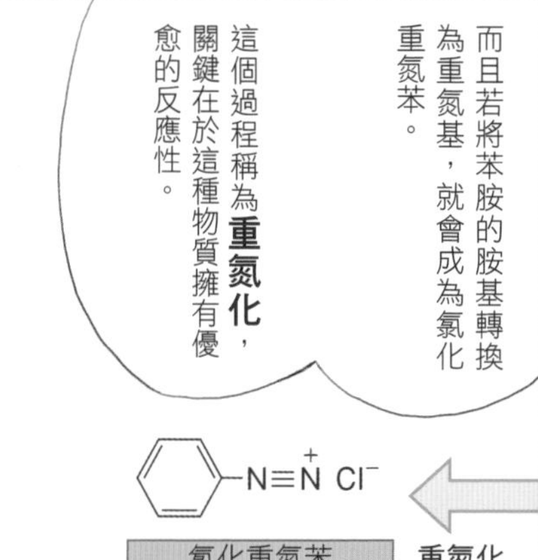

重氮基比其他基更容易脫去。

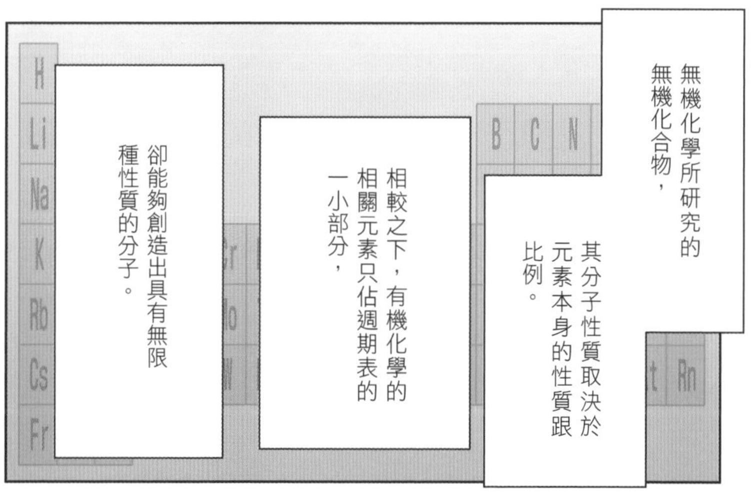

Column
宿醉

生命體會氧化化合物，藉由反應中產生的能量來進行生命活動。

喝下酒精，人體就會氧化乙醇，產生乙醛。這個反應要依賴醇氧化酵素來進行。乙醛又會被醛氧化酵素養化為醋酸，最後成為二氧化碳與水。

乙醛對身體不好，會造成所謂的宿醉現象。所以想避免宿醉，只要盡快將乙醛轉換為醋酸即可。也就是說，只要有很多乙醛分解酵素就不會宿醉。

但是人體中的乙醛分解酵素量取決於遺傳，缺乏這種酵素的人，不管怎麼訓練都不會增加。所以如果父母都不會喝酒的話，請最好不要逞強，乖乖喝茶比較聰明。這種人如果勉強喝酒，等於是自殘。請務必小心。

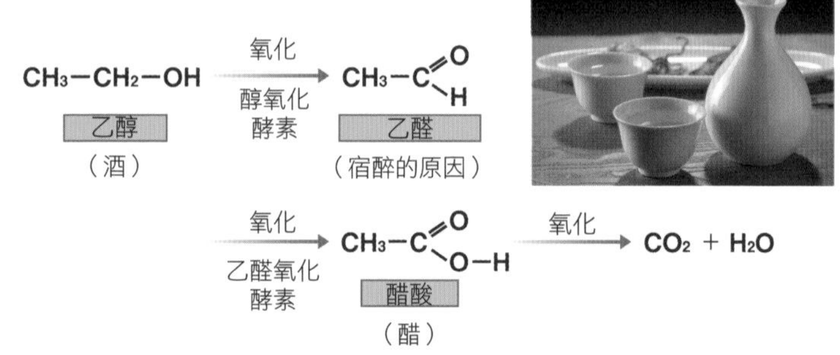

新的有機化學

近代的有機化合物真是了不起。可以導電，可以製做超導體，可以成為半導體，可以當磁鐵，還可以發光。液晶電視、有機 EL 電視、有機太陽能電池，這些都是有機物。

分子聚集後性質會改變嗎？

① 固體與聚合

有機物不會導電，有機物也不會被磁鐵吸引，這是長久以來的「化學常識」。但是現在，這些常識已經被完全顛覆了。

有機物可以導電。2000 年獲得諾貝爾化學獎的白川英樹博士，便發現了可以如金屬般導電的導電性高分子。現在，有機物可以導電才是「化學常識」。

不僅如此，現在還可以製造有機物的**超導體**，而且已經有好幾十種。超導體就是電阻為零的導電物質。

磁性也是一樣，目前已經有好幾種可以被磁鐵吸引的有機物，有機物正在不斷的改變。

本章就要來看這些新的有機物。

② 分子聚合物

分子跟人很像。每個人都有不同的個性。但是聚集在一起之後，就能發揮不同的力量。分子也是一樣。單一分子有它的物理性、功能，同時聚集之後又有不同的物理性與功能。

只要研究一個水分子，就可以知道結構中的原子鍵結角度、鍵長。但是研究一個分子，卻不能了解水的凝固點與沸點。因為這是要聚集之後才會產生的性質。

新有機化學就建立在分子集團性質之上。讓我們看看它的內容。

有機物的骨架是什麼？

如何決定有機物的性質？

怎麼改變有機物？

以往我們學習有機物，都僅限於肉眼無法看到的單一原子、分子層級。

但是有機物大量聚集之後，又可發揮其他功能。

其實從過去到未來，有機物的實用性都一直在我們身邊，隨處可見。

分子聚集，形成膜

① 親水性分子與疏水性分子

分子聚集就會成為膜。膜可以形成肥皂泡，載著孩子的夢想往上飛；也可以形成細胞膜，孕育生命。

醋酸可溶於水，但是汽油（煤油、烷）則不溶於水。醋酸可溶於水，是因為醋酸的羧基和水分子之間有較強的凡得瓦力。汽油沒有這種性質，所以不溶於水。

② 介面活性劑

但是有些分子，在單一分子中具有可溶於水的**親水性部分**，以及不溶於水的**疏水性部分**。這種分子稱為**介面活性劑**。肥皂就是其中之一。

介面活性劑溶於水之後，親水部分就會進入水中，但疏水部分不會。結果分子就會排列在水面上。分子濃度一高，水面就會蓋滿兩性分子。

從上方觀察這個狀態，看起來就像分子構成的膜。這種狀態便稱為**分子膜**。

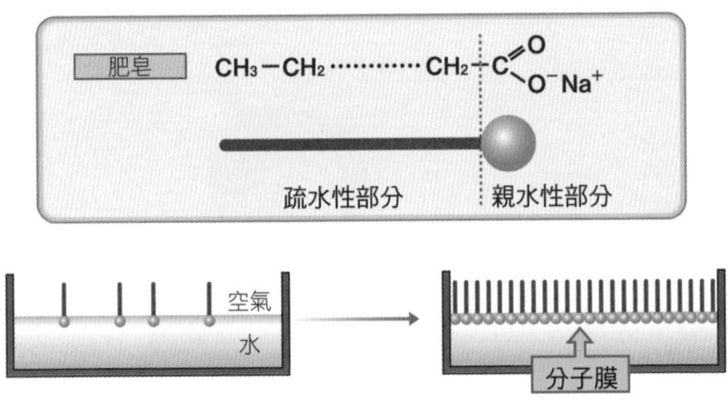

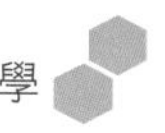

哎呀，公主殿下，近來可好？
好～～
這裡是洗衣間啊。

這裡有的是……

肥皂囉。
SOAP

肥皂是**介面活性劑**。
哎呀～聽起來好有學問呢。
放

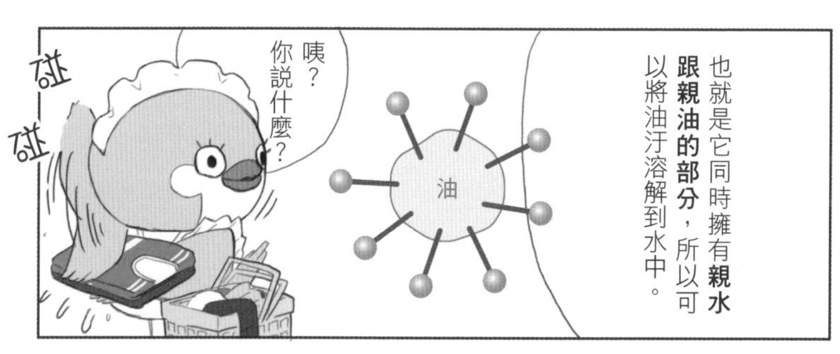
也就是它同時擁有**親水跟親油的部分**，所以可以將油汙溶解到水中。
油
咦？你說什麼？
碰
碰

而這就是分子排列在水上的狀態—這正是「**分子聚集所發揮的功能**」，就叫做
分子膜。
有了分子膜的功能，我們才能吹出肥皂泡。
想吹肥皂泡嗎？
這麼忙還要我吹，你們真是的…

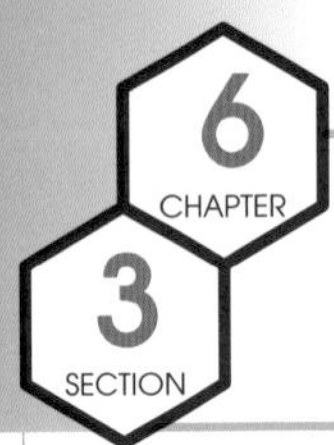

肥皂泡與細胞膜

① 雙分子膜

分子膜可以重疊，重疊的分子膜稱為**雙分子膜**。

肥皂泡就是雙分子膜所形成的包包。兩層分子膜的親水性部分接觸重疊，膜與膜之間含有水份。所以肥皂泡也可以看成分子膜－水－分子膜所形成的三層膜包，裡面裝有空氣。

② 細胞膜

細胞膜也是雙分子膜形成的包包，但細胞膜是以疏水部分互相接觸。細胞膜中含有許多醣與蛋白質。但是這些物質不會跟細胞膜結合。只會包夾在細胞膜之間。所以這些被包夾的物質可以自由移動。

而且更厲害的是，構成細胞膜的分子本身也沒有互相結合，只是聚集在一起而已。分子之間僅靠微弱的分子力（凡得瓦力）相互作用而聚集。細胞膜的一大特徵，就是這種自由結構。

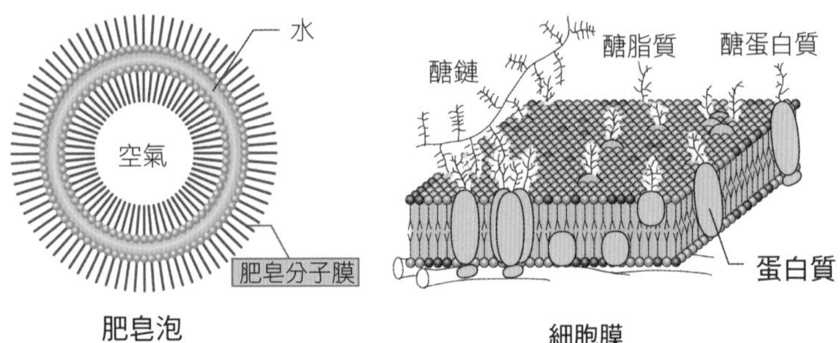

肥皂泡　　細胞膜

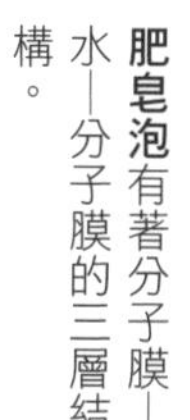

兩層分子膜可以重疊，膜與膜之間還能包夾正確物質。

液晶是小溪裡的大肚魚

① 液晶狀態

水在低溫下會形成結晶（冰），加熱到融點會變成液體（水），再加熱到沸點就變成氣體（水蒸氣）。

但是有一種分子不遵守這種變化模式。這種分子的結晶加熱到融點會開始溶化流動，但是不透明。要繼續加熱到透明點才會成為液體。這種融點到透明點之間的狀態稱為**液晶狀態**。

② 液晶狀態的特徵

從上面的溫度變化可以發現，當液晶被冷卻為結晶，就會喪失液晶性質。加熱成液體也一樣不具液晶性質。

液晶狀態的特徵，就是①**與液體一樣具有流動性**，②**所有分子都朝向相同方向排列**。就好像小溪裡閃亮亮的大肚魚一樣。

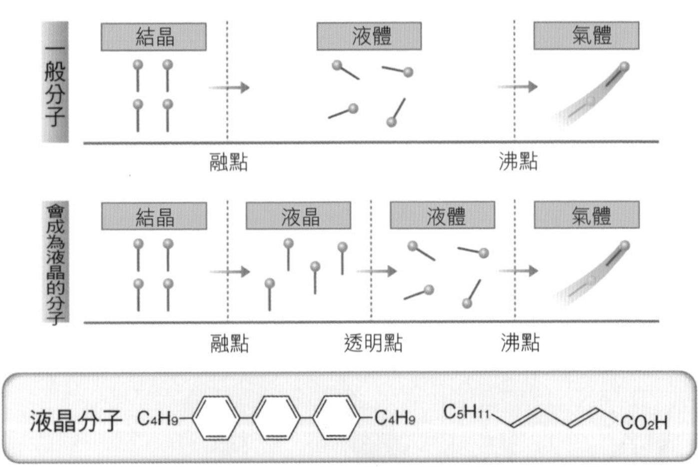

首先，處於**結晶**狀態下的分子，位置與方向都是固定的。

反之，位置與方向都能流動的狀態，就是**液體**。

結晶與液體

	結晶	液體
分子位置	固定	流動
分子方向	固定	流動

液晶是一種中間狀態，也就是分子位置能夠流動，但方向卻維持固定。

液晶

分子位置	流動
分子方向	固定

液晶顯示功能之謎

① 液晶分子的方向

液晶最大的特徵，就是所有分子都面對相同方向，而且我們還能輕易控制這個方向。只要把液晶放入玻璃盒中，再把玻璃刮出幾道痕跡，分子就會照著刮痕方向❶排列。

如果通上電流，液晶分子就會改為排列在電流方向❷上。電流一切斷，液晶又會回歸❶的方向。

② 透光性

透光性就是光線可以通過的狀態。當液晶分子排列為❶，光線無法通過，所以觀察者只能看到一片黑畫面（暗畫面）。但是通電之後分子會排列成方向❷，光線通過，畫面看來就一片白（明亮）。我們可以用電源ON/OFF來切換透光狀態。這就是液晶的顯示原理。接下來就是讓畫面更細緻，電力控制更精確的技術範疇了。

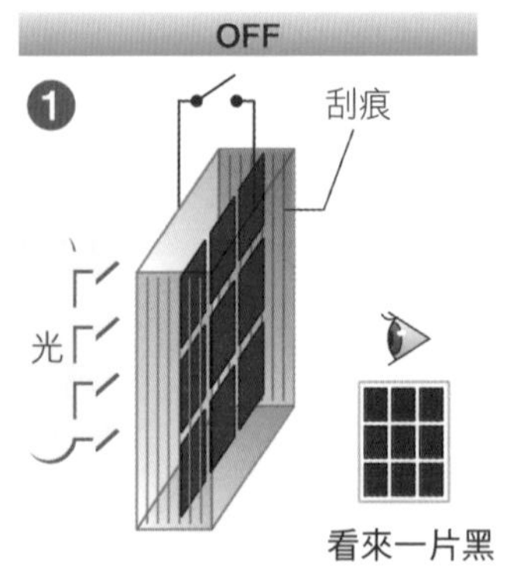

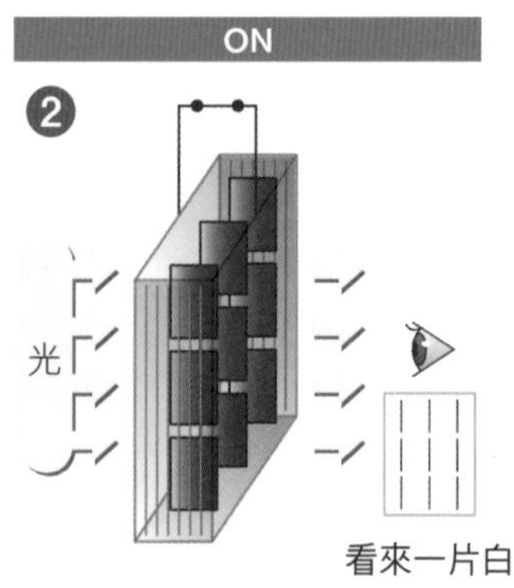

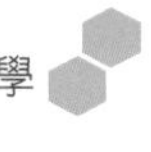

搖控操縱一大群大肚魚游泳的樣子……好像很厲害喔！妳一定會這麼想吧。
會議室
嘎嘎……
其實液晶電視的製作原理就是這樣。

液晶面板就像一大群小小的大肚魚，只要一個開關，就會同時改變方向，也能同時恢復原狀。
新感覺！
企劃會議
電線運動變化
NG
NG
液晶方向改變可以控制背光光源的通過與否，近而控制畫面的黑白顯示。

我說這個點子如何？
回頭……
回頭……
回頭……
局長
你們是在等我先開口嗎……？

轉頭！
轉頭！
轉頭！
……

由一個分子構成的機械

① 分子鉗

分子可以藉由旋轉、異構化、分子間作用力，來與其他分子**結合**。只要利用這種性質，就能設計出以一個分子構成的機械。

下圖是簡單的分子機械範例。圖中顯示的分子，就像在麵包店用來夾麵包的夾鉗，可以夾住離子。

② 分子設計

重點在於 N = N 雙鍵，這種雙鍵與 C = C 雙鍵一樣都有**順式**、**反式生成物**的**異構化現象**。也就是說，反式生成物照到紫外線就成為順式生成物，將順式生成物加熱就變回反式生成物。

被包夾的部分，是含有很多氧的環狀醚，這種結構稱為**冠狀醚**，因為看起來就像一頂西洋王冠。氧的電負度較高，所以帶負電，可以藉著靜電吸引力與帶正電的金屬離子互相吸引。

這種反式生成物無法穩定擁有金屬離子，但是順式生成物就可以。而加熱之後又會變回反式生成物，離子也會脫去。

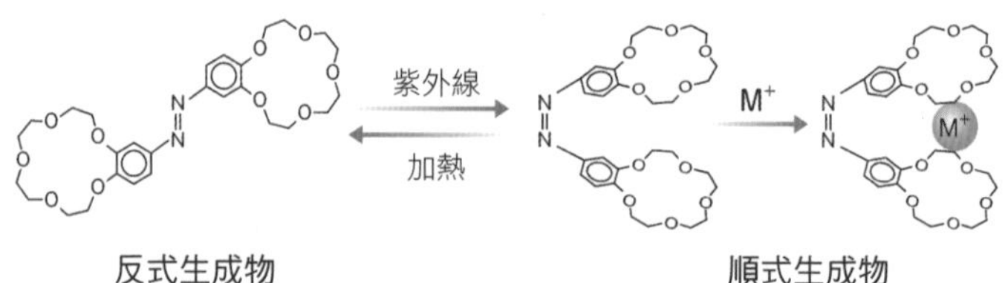

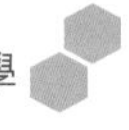

夾鉗可以用來夾麵包，

化學世界裡面也有一種分子鉗喔。

醚以環狀排列成**冠狀醚**，就是以分子間作用力包容金屬離子所形成的包合化合物。

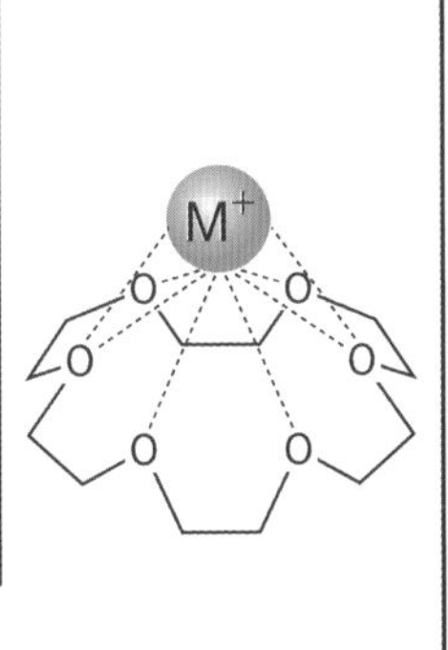

用兩個冠狀醚就可以製做出**分子鉗**。

分子鉗可以包夾金屬離子，也可以放開它。

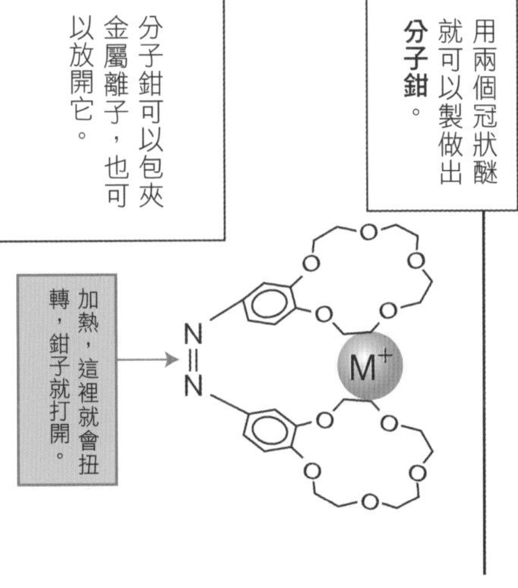

這裡只有一個重點，就是利用分子團的分子間作用力。

運用這種自由度，可以聯想出很多用途。

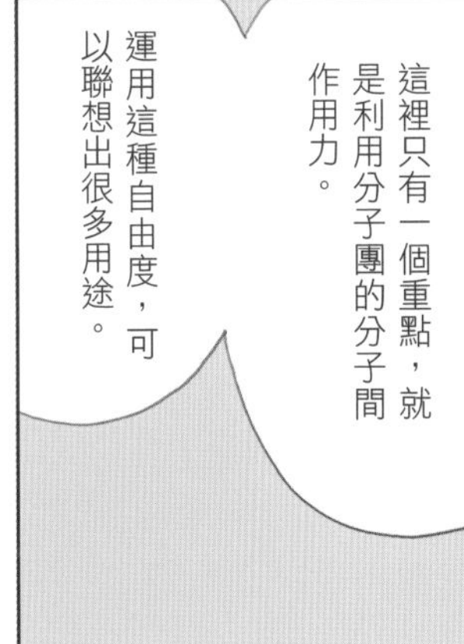

有機 EL 是未來電視

① 發光二極體與有機電激發光（EL）

EL 是 Electro Luminescence 的縮寫，意思是**電激發光**。有機 EL 就是指有機化合物製成的**發光二極體**，或稱 OLED。

發光二極體，是鎵 Ga、砷 As 等無機物將電能轉換為光能來進行發光的元件。有機化合物也能藉由相同原理來發光。使用有機 EL 所製造的超薄電視可以像紙張一樣彎曲，也就是最近非常熱門的**有機 EL 電視**。

② 能量與發光

所有分子都具有能量。如果對分子施加電能，分子獲得能量就會成為高能狀態。但是這個狀態並不安定，不能長久維持。

由於分子本身會設法回到原始狀態，此時便會釋放多餘的能量。有機 EL 所釋放的多餘能量會變成光。

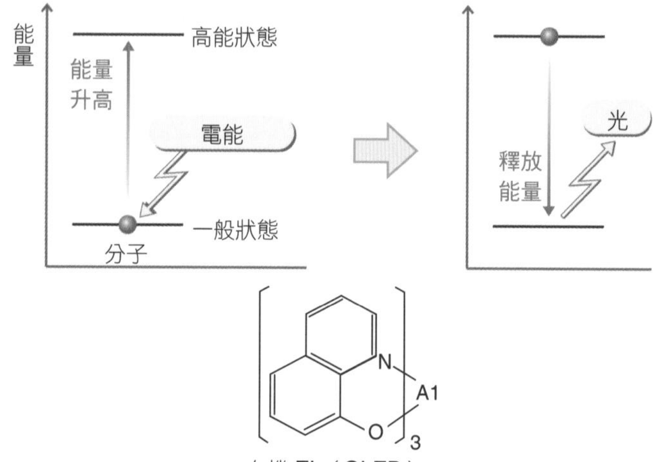

有機 EL（OLED）

最大的差別，在於有機物材料本身就是發光元件，

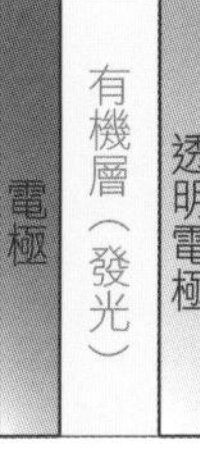

不需要背光

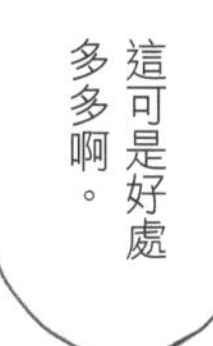

優點

厚度更薄

視角更廣

更省電

有機物的太陽能電池

① 太陽能電池

太陽以光與熱的形式，投射出龐大的能量。能夠將光能轉換為電能來使用的機構，就是**太陽能電池**。

目前的太陽能電池以矽 Si 為原料，但是有機太陽能電池則使用有機物。優點是輕便、柔軟也較便宜。

② 太陽能電池的原理

有機太陽能電池的原理，跟矽晶太陽能電池一樣。首先黏接兩種薄薄的有機物層。陽光照射到有機物層，電子就會接受光能，從分子中彈出來。

這些自由電子會透過外部電路恢復正常狀態。此時由光線中取得的能量，就可以點亮電燈。電子的移動，就是所謂的電流。

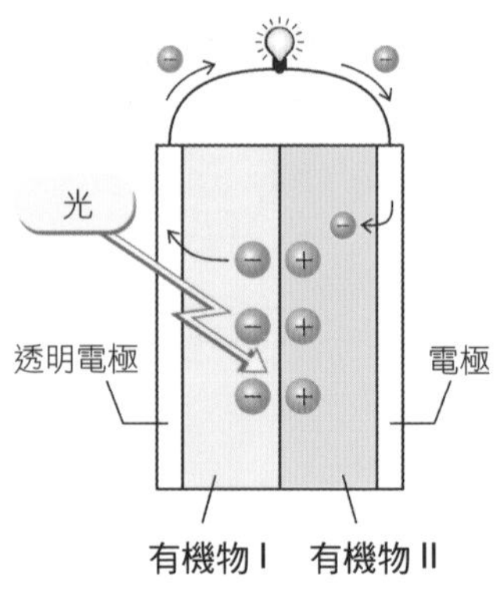

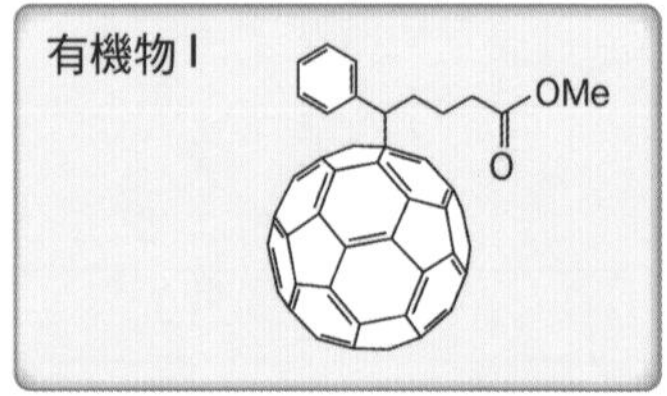

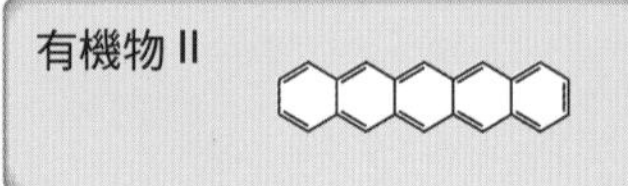

有機太陽能電池最大的優點，就是容易製造又便宜。

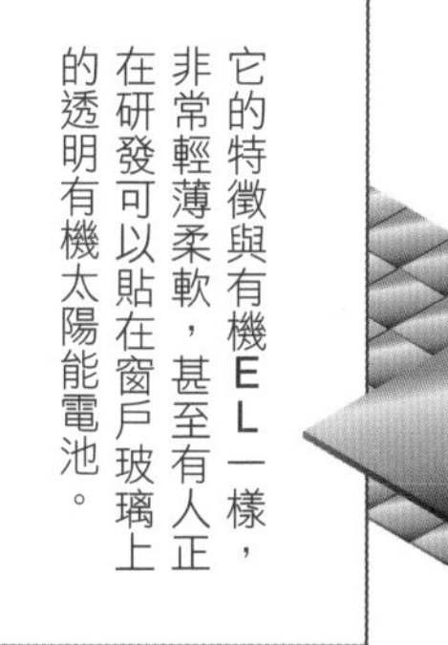

它的特徵與有機EL一樣，非常輕薄柔軟，甚至有人正在研發可以貼在窗戶玻璃上的透明有機太陽能電池。

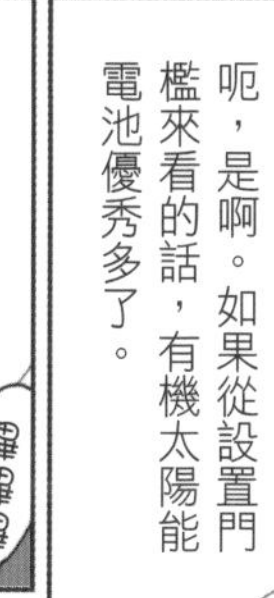

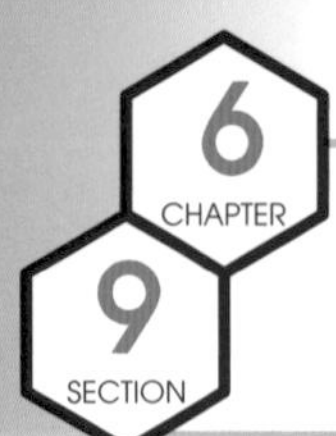

公害與有機化學

① 人造化學物質

所有物質都由原子組合而成，都可以稱為**化學物質**。一般提到化學物質，比較偏向人造製造的物質。不過像苯、甲苯這些原本就存在於自然中的物質，也屬於化學物質。

人類製造的化學物質種類繁多，其中有很多方便又有益的物質，在工業規模下大量生產。塑膠就是典型的例子之一。

② PCB 與戴奧辛

PCB（多氯聯苯 Poly-chlorobiphenyl）就是曾經被大量生產使用的人造化學物質之一。由於 PCB 既堅固又有高度絕緣性，全球曾經大量製造，用來當做變速箱等。但是 1960 年代，日本發生食用油中混入多氯聯苯的意外，造成許多民眾受害，這才發現它的害處，於是禁止製造使用。

沒想到多氯聯苯太過堅固，一直無法被分解，只能保存至今。希望科學家能盡快研發出分解方法。結構與PCB類似的**戴奧辛**也一樣有毒。以低溫燃燒含氯物質的時候，就會產生戴奧辛。

Cl_m　Cl_n

$1 \leqq m+n \leqq 10$

PCB

O　O

Cl_m　Cl_n

$1 \leqq m+n \leqq 8$

戴奧辛

PCB（多氯聯苯）是人類為了自己而製造出來的物質，由於非常方便，曾經被用在各種產品之中。

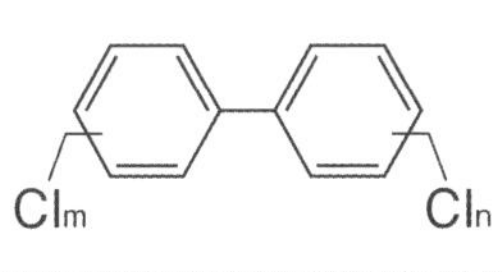

受到忽略的害處

但是實際上，多氯聯苯會對生物體造成強烈毒性。

環保與有機化學

① 地球暖化

地球溫度正在上昇。如果繼續下去，本世紀末的平均溫度將提高三度，造成冰層溶解，海平面上升 50 公分。這可就麻煩了。

氣溫上升的原因有很多，其中一項就是地表二氧化碳的量增加。吸收了更多的熱量而不能有效地散失。

② 二氧化碳排放

讓我們試算一下燃燒石油會產生多少二氧化碳吧。石油屬於一種烷，所以分子式簡單來說很類似 $(CH_2)_n$。燃燒石油就會產生二氧化碳 CO_2 和水 H_2O。

根據類似的分子式來看，一個烷分子的分子量就是 14n。另一方面，二氧化碳的分子量是 44。從反應式可以得知，燃燒一個分子的烷就會產生 n 個二氧化碳。也就是說用分子量來比較的話，14n 的烷就會產生 44n 的二氧化碳。燃燒一單位重量的石油，就要產生三倍以上重量的二氧化碳。

假設燃燒一桶 14 公斤的石油，就產生 44 公斤的二氧化碳。燃燒一個 14 萬噸大型石油槽的石油，就產生 44 萬噸的二氧化碳。

$$H\text{-}(CH_2)_n\text{-}H + \frac{3}{2}nO_2 \longrightarrow nCO_2 + nH_2O$$

石油 14n　　　二氧化碳 44n

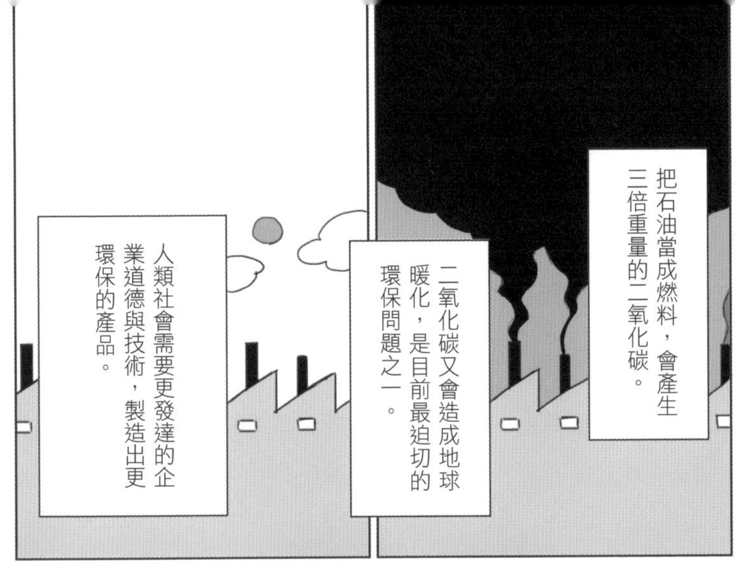
把石油當成燃料，會產生三倍重量的二氧化碳。
二氧化碳又會造成地球暖化，是目前最迫切的環保問題之一。
人類社會需要更發達的企業道德與技術，製造出更環保的產品。

或許我們的生活愈發達，就會衍生愈多問題。
但是我認為科學既然製造問題，也應該要解決問題。

公主，歡迎回來。
散步還愉快嗎？
很好！

Column
芙與奈米碳管

我們熟悉的碳同素異構物包含鑽石與石墨，但是到了1980年代，人類發現了新的同素異形物。那就是芙與奈米碳管。

芙俗稱富勒烯，是僅由碳構成的球型或橄欖球型分子。芙的大小不一，其中最有名的就是由六十個碳構成，家族中最小的圓球形芙－60。這個分子就像足球一樣，由六角形與五角形的單位結構組成。

奈米碳管是非常細長的筒狀分子。如果等比例放大成吸管那樣粗，長度將有數公尺左右。將六員環的連續石墨薄片捲成圓筒，就會變成奈米碳管，不過兩端跟芙一樣摻雜了五員環，呈現封閉球狀。而且現在又發現其他副結構式，多層不同直徑的圓筒可以層層重疊。

芙與奈米碳管，是很有潛力的有機半導體及太陽能電池原料。

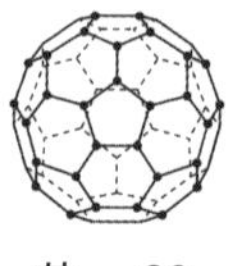

芙－60

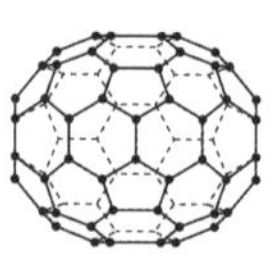

芙－78

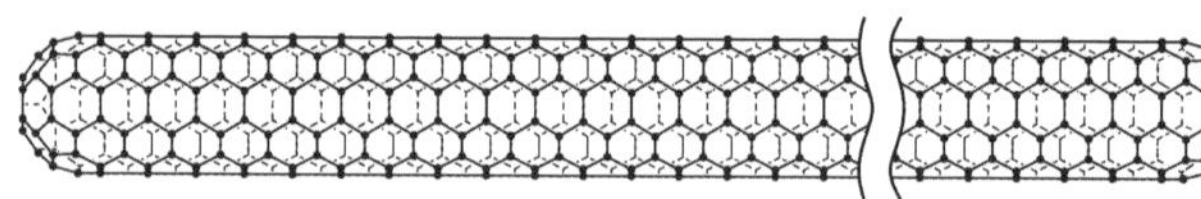

奈米碳管

聚合物

大家一聽到聚合物，第一個想到的應該就是塑膠。PET 和聚乙烯都是聚合物，人類生活已經不能沒有聚合物了。說得更誇張些，沒有聚合物，人類也將消失。因為澱粉、蛋白質，甚至 DNA 都是聚合物。

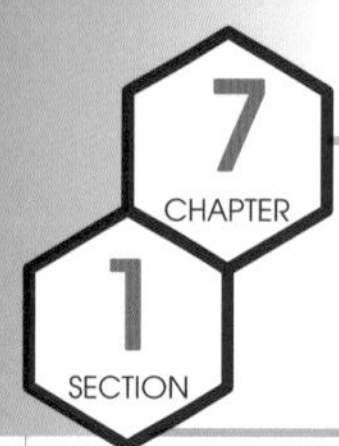

什麼是聚合物（高分子）？

① 單體與聚合物

我們的日常生活充滿了塑膠製品，在化學領域中將塑膠類歸類為聚合物。**聚合物**又稱高分子，就是許多小單位分子結合而成的分子。而這些小單位分子就稱為**單體**。

聚合物（高分子）的結構，可以用鏈條來表示：

聚合物是像鏈條一樣長長的分子，但也和鏈條一樣，由相同的環（單體）連結而成。

② 聚合物的結構

聚乙烯就是典型的聚合物，製造聚乙烯的單位分子就是乙烯。下圖表示由乙烯製造出聚乙烯的情況。乙烯的兩個碳以雙鍵結合，其中一條鍵斷裂，與下一個分子連接，如此重複就成為聚乙烯。

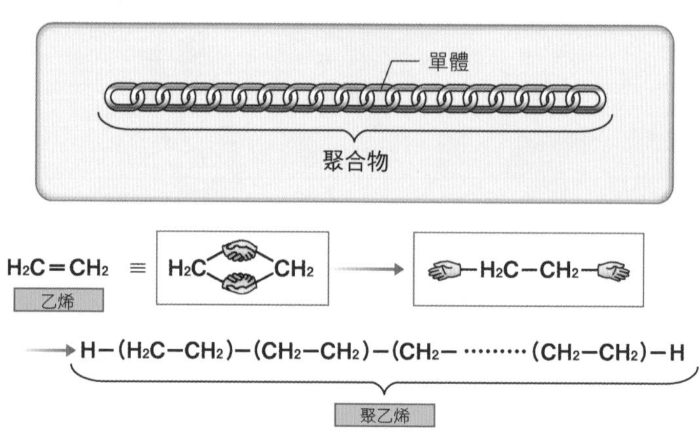

※日本習稱的「高分子」，我們一般都稱為「聚合物」。但工業界因與日本接觸多，而較多人用「高分子」。我國中學教科書都採用「聚合物」，故本書中文版將「高分子」都改為「聚合物」（中文並無「低分子」的用法）。

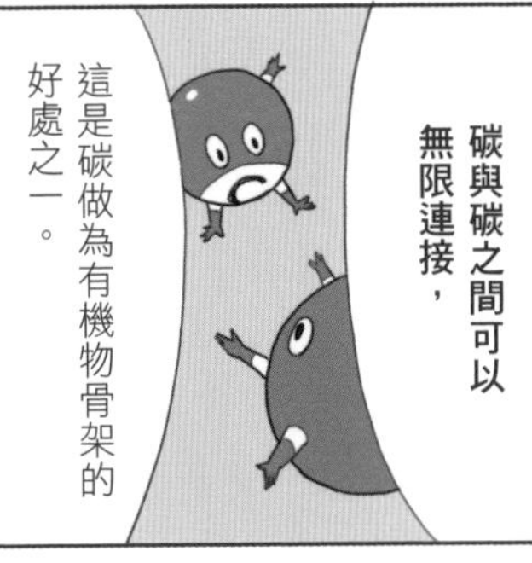

重點在於連接相同的單體，形成巨大分子。

這種反應稱為**聚合**。

連接數百、數千個

上一章介紹過的分子膜構造，只是分子彼此聚集的集合體。聚合物則是單體互相鍵結而成，兩者完全不同。

單位小分子稱為單體，聚合之後得到的大分子稱為聚合物。這點可以參考第2章第6節介紹的命名原則。

1	甲，單
2	乙
3	丙
4	丁
5	戊
6	己
7	庚
8	辛
9	壬
10	癸
很多	Poly（聚，多）

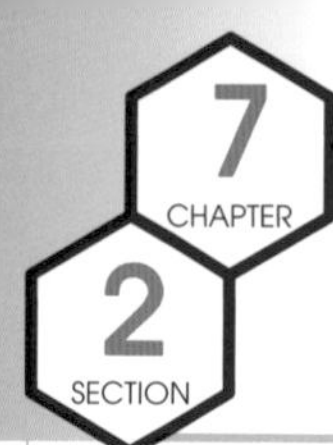

聚合物有哪些種類？

① 天然聚合物

聚合物不只有塑膠而已。人造纖維、合成橡膠也都是聚合物。聚合物不是只有人類可以製造，天然橡膠、澱粉、蛋白質、DNA 也都是聚合物。存在於天然界中的聚合物稱為**天然聚合物**。

② 合成聚合物

人類以化學方法創造的聚合物稱為**合成聚合物**，大致可分為**熱塑性樹脂**與**熱固性樹脂**。熱塑塑性樹脂又分為人造纖維、泛用樹脂、工程用樹脂（ENPLA，又稱工業用聚合物）。

合成聚合物中有具備特殊功能的種類，稱為**功能性聚合物**。例如可導電的導電性聚合物，可吸水的高吸水性聚合物，可以被細菌分解的生物分解性聚合物等等。

而泛用樹脂、工程用樹脂、熱固性樹脂、功能性樹脂一般統稱為塑膠。

<table>
<tr><th colspan="3">種類</th><th>聚合物名稱</th><th>用途</th><th></th></tr>
<tr><td colspan="3">天然聚合物</td><td>多種蛋白質、核酸</td><td>食用、纖維</td><td></td></tr>
<tr><td rowspan="7">合成聚合物</td><td colspan="2">合成橡膠</td><td>SBR、NBS</td><td>輪胎、膠布</td><td></td></tr>
<tr><td rowspan="3">熱塑性樹脂</td><td>人造纖維</td><td>尼龍、聚酯、聚丙烯腈</td><td>纖維、衣料</td><td></td></tr>
<tr><td>泛用樹脂</td><td>聚乙烯、聚苯乙烯、聚丙烷</td><td>家庭日用品</td><td rowspan="4">塑膠</td></tr>
<tr><td>工程用樹脂</td><td>PET、聚酯、聚醯胺</td><td>機械、電器用品</td></tr>
<tr><td colspan="2">熱固性樹脂</td><td>酚樹脂、三聚氰胺</td><td>餐具、建材</td></tr>
<tr><td colspan="2">功能性樹脂</td><td>高吸水性聚合物、離子交換樹脂</td><td>尿布、海水淡化</td></tr>
</table>

聚合物大致可以分成兩類，

也就是天然跟合成。

人工製造的合成聚合物，樹脂通稱為塑膠。

一般來說，單體數量愈多，樹脂硬度愈高。

有機物種類通常都很龐大，

聚合物也不例外。

本章將特別討論合成聚合物。

什麼是熱塑性樹脂？

① 結構

熱塑性樹脂，就是加熱之後會變軟的樹脂。熱塑性樹脂的分子為長鏈狀結構。加熱之後，分子之間會橫向滑動，變得柔軟可塑形。

② 泛用樹脂與工程用樹脂

泛用樹脂泛指軟化溫度較低，製造簡單又廉價的樹脂。所以水桶、臉盆等日常用品使用的就是泛用樹脂。典型的泛用樹脂包含聚乙烯、聚丙烷、聚苯乙烯、聚氯乙烯等等。

相對地，**工程用樹脂**就是具有耐熱、耐磨損、耐藥蝕等優越物理、化學特性的樹脂。價格也較為昂貴。用來做為機械材料、齒輪、甚至防彈背心。例如PET等聚酯類，尼龍等聚醯胺類，還有聚縮醛等等。

類別	樹脂	結構	樹脂	結構
泛用樹脂	聚乙烯	$\mathrm{-[CH_2-CH_2]_n-}$	聚氯乙烯	$\mathrm{-[CH_2-CH(Cl)]_n-}$
泛用樹脂	聚丙烷	$\mathrm{-[CH_2-CH(CH_3)]_n-}$	聚苯乙烯	$\mathrm{-[CH_2-CH(C_6H_5)]_n-}$
工程用樹脂	聚酯（PET）	$\mathrm{-O-[C(=O)-C_6H_4-C(=O)-O-CH_2-CH_2-O]_n-}$		
工程用樹脂	聚醯胺（6-尼龍）	$\mathrm{-NH-[C(=O)-(CH_2)_5-NH]_n-}$	聚縮醛	$\mathrm{-[CH_2-O]_n-}$

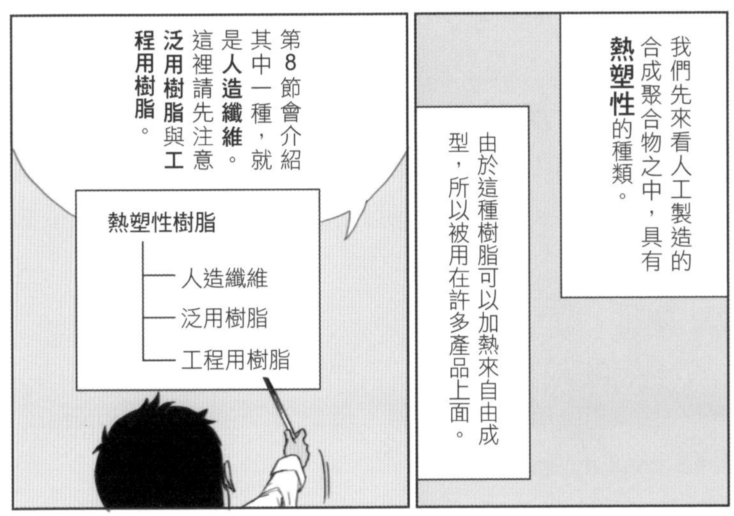

兩種的差別在於一般用與工程用。

日常生活中常見的是**泛用樹脂**，

塑膠水桶

能夠抵抗特殊環境與壓力的稱為**工程用樹脂**（ENPLA）

工程用樹脂螺栓

工程用樹脂的特徵，就是在分子鏈中含有碳以外的元素（氮或氧）。

例如寶特瓶的原料**PET**也屬於工程用樹脂，是很優秀的熱塑性樹脂。

怎樣製造熱塑性樹脂？

① 加成聚合反應

由乙烯構成聚乙烯的反應中，分子互相結合時不會脫去任何原子團。這種反應稱為**加成聚合**，C ＝ C 鍵結會成為新的 C － C 鍵結。

② 酯化

具有兩個羧酸基的對苯二甲酸，和具有兩個羥基的乙烯乙二醇起反應，就會產生以**酯鍵**連接的PET（polyethylene terephthalate）。

③ 醯胺化

具有兩個羧酸基的己二酸，和具有兩個胺基的己二胺，以醯胺鍵連接之後便成為尼龍 6.6。蛋白質就是醯胺鍵連接而成的天然聚合物。尼龍可以說是以化學方法模仿蛋白質而成的產物。

$CH_2{=}CHCl + CH_2{=}CHCl + CH_2{=}CHCl + CH_2{=}CHCl + \cdots\cdots \xrightarrow{\text{加成聚合}} {-}[CH_2{-}CH(Cl)]_n{-}$

氯乙烯　　　　聚氯乙烯

$HO{-}C(=O){-}C_6H_4{-}C(=O){-}OH + H{-}O{-}CH_2CH_2{-}O{-}H$

對苯二甲酸　　乙烯乙二醇

拿走水 $-H_2O$

$\xrightarrow{\text{酯化}} {-}[C(=O){-}C_6H_4{-}C(=O){-}O{-}CH_2{-}CH_2{-}O]_n{-}$

聚對苯二甲酸乙二酯
(PET)

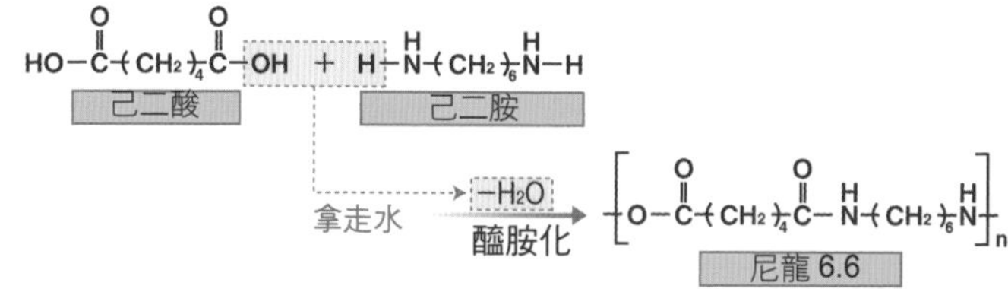
HO−C(=O)−(CH2)4−C(=O)−OH + H−N(H)−(CH2)6−N(H)−H
己二酸
己二胺
拿走水
−H2O
醯胺化
[−O−C(=O)−(CH2)4−C(=O)−N(H)−(CH2)6−N(H)−]n
尼龍 6.6

我們來看如何製造上一節看到的熱塑性樹脂。
這裡舉出如何製造代表性的泛用樹脂聚氯乙烯，
還有工程用樹脂中的PET和尼龍。
上！
左下！

製造泛用樹脂只需要簡單的加成反應（第4章第8節），
但是兩種工程用樹脂則需要酯化（第3章第7節）、醯胺化（第3章第9節）等脫水縮合反應。
這兩種反應分別稱為**加成聚合反應**、**縮合聚合反應**。
前！
就這樣？

什麼是熱固性樹脂？

① 熱固性樹脂

加熱之後也不會軟化的樹脂，稱為**熱固性樹脂**。如果把熱固性樹脂加熱，就會像木材一樣焦黑變色，再繼續加熱就會燃燒。所以熱固性樹脂用來製做餐具、插座等，在高溫條件下使用的器具。

② 結構

熱固性樹脂的分子結構，呈現三維空間的鳥籠型。也就是說單一產品就等於一個巨大的分子。所以就算加熱，分子也不能移動位置，自然無法變型。

所以熱固性樹脂一旦完成，即使加熱也不會軟化，成型比較困難。熱固性樹脂的成型步驟如下：

①在模具中放入樹脂原料，於模具中聚合。

②在模具中放入形成熱固性樹脂前一個步驟的樹脂，也就是未成熟樹脂，加熱成型之後再施加高溫，完成聚合。

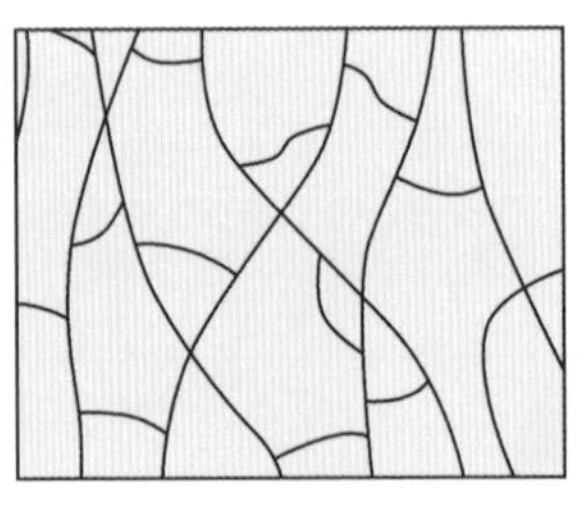

熱固性樹脂

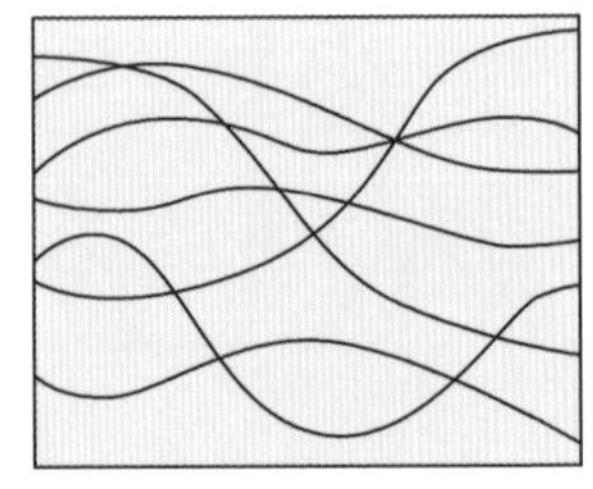

熱塑性樹脂

合成樹脂有熱塑與熱固兩種。

例如這就是**熱固性樹脂**。
就算加熱也不會變型。

熱固性樹脂與熱塑性樹脂的差別，就在於聚合物鏈並非一維線狀，而是三維網狀。

鏗！

鏗！
鏗！

看吧，不會壞。
請看下一節。

怎樣製造熱固性樹脂？

我們來看熱固性樹脂之一，酚樹脂的製造機制。原料是酚❶和甲醛❷。

❶的**鄰位**會與❷反應，成為加成化合物❸。當❸的OH與另一個❶的氫之間引發脫水，就會成為❹。這就是兩個❶以 CH_2 為接點而連結的結構。

如果第一個跟第二個❶引發相同反應，就會形成❶的長鏈。❶的對位也會引發相同反應。所以會成為網狀結構。

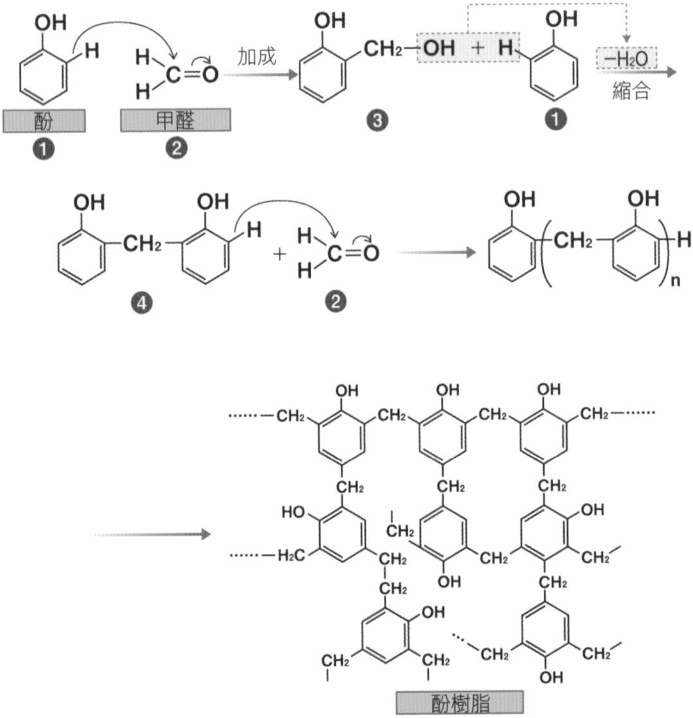

酚 ❶　甲醛 ❷　加成　❸　❶　$-H_2O$ 縮合

❹　❷

酚樹脂

我們來看看要怎麼製造熱固性樹脂的鳥籠狀分子。

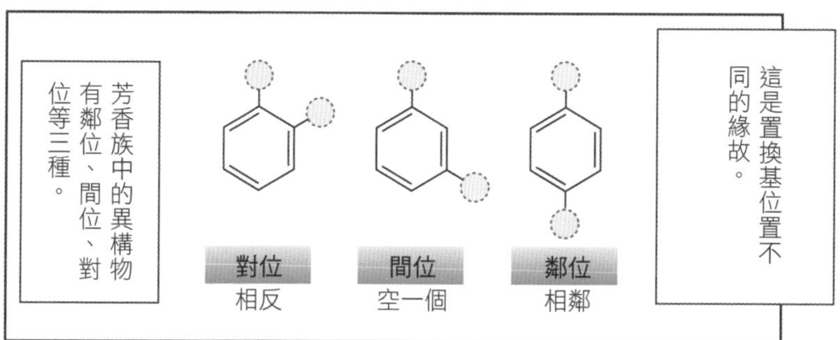
這是置換基位置不同的緣故。
鄰位
相鄰
間位
空一個
對位
相反
芳香族中的異構物有鄰位、間位、對位等三種。

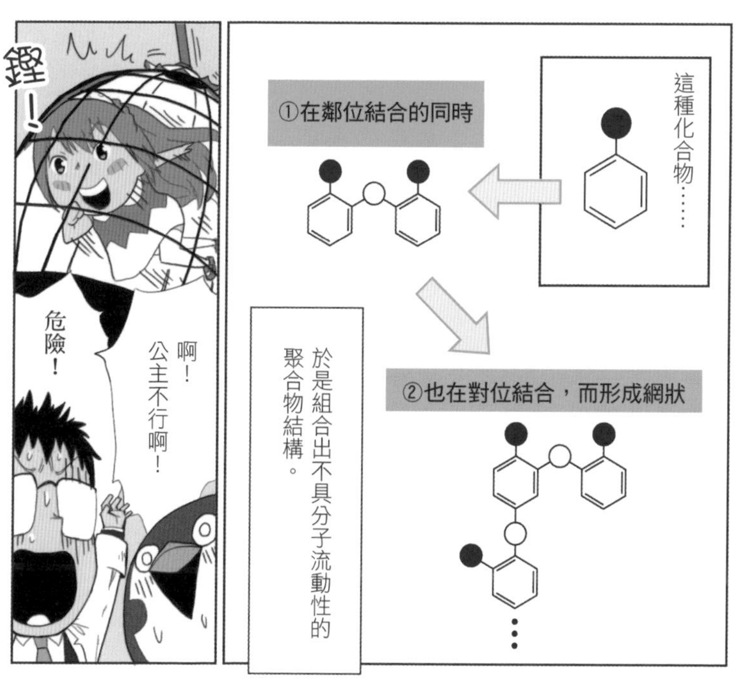
這種化合物……
①在鄰位結合的同時
②也在對位結合，而形成網狀
於是組合出不具分子流動性的聚合物結構。
鏗！
啊！公主不行啊！
危險！

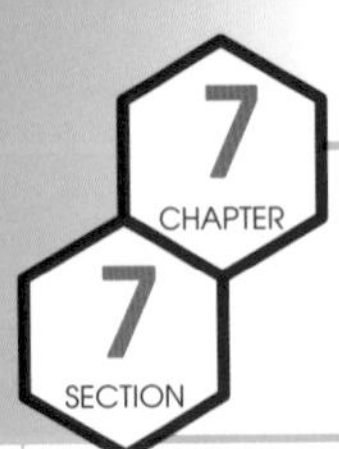

聚合物也會形成結晶嗎？

① 聚合物的結晶？

左下圖，是表是塑膠中鏈狀聚合物聚集狀態的示意圖。有些部分的分子鏈排列整齊，有些則毫無章法。前者稱為**結晶區**，後者稱為**非結晶區**。

結晶性部分的分子間隔較窄，分子間作用力將彼此拉得更近，結果就具有較強的物理結構，同時其他分子又難以介入，所以抗藥蝕，也不容易燃燒。

② 因結晶性而改變的性質

塑膠的性質取決於結晶性部分的比例。右下圖表示橡膠、塑膠、人造纖維等物質中的結晶性部分比例。

人造纖維，簡單來說就是結晶性的熱塑性樹脂。聚乙烯、PET、尼龍，都是要又細又有結晶性才能成為纖維，如果沒有結晶性，就只是普通塑膠。

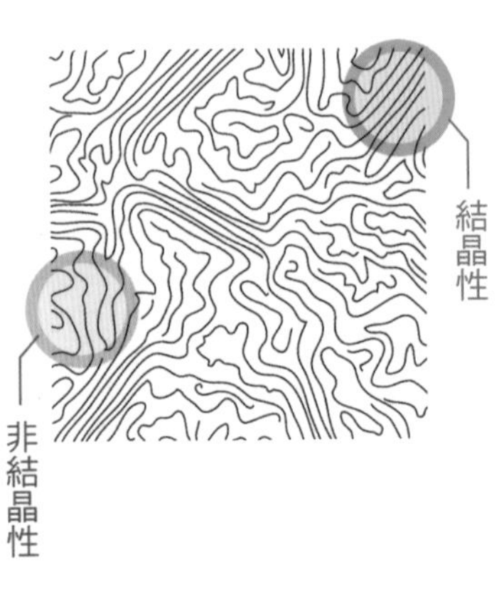

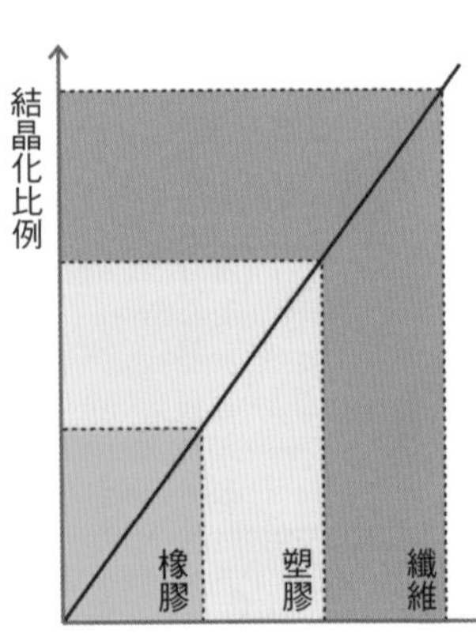

一般來說，物質只要具有結晶性就會變得強韌，

反之，只要沒有結晶性，就容易吸收附著其他分子。

而巨大的聚合物，裡面含有結晶部份與非結晶部分。

	強韌度	其他小分子的附著
結晶部份	○	×
非結晶部份	×	○

如果將聚合物分成橡膠、人造纖維、塑膠（合成樹脂）三種，剛好可以呼應結晶部分的比例變化。

橡膠的非結晶部份較多，人造纖維高度結晶化，塑膠則處於兩者之間。

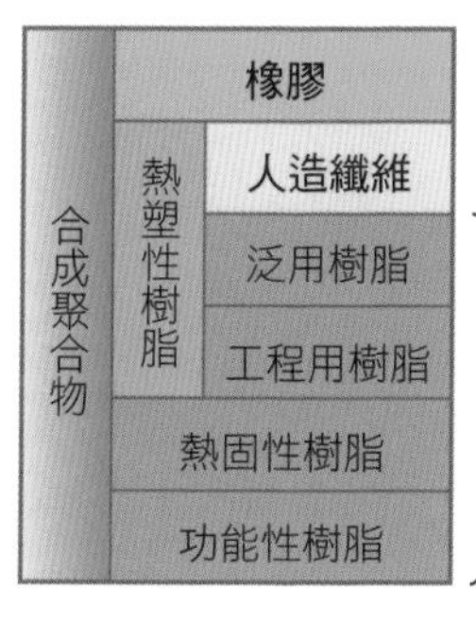

人造纖維也是塑膠

人造纖維是熱塑性聚合物的結晶。想製造結晶性聚合物，只要讓分子方向呈現物理性並列即可。簡單來說，就是讓分子都朝同一個方向。

將加熱熔解的液態聚合物，從細小的噴嘴中擠出，就成為人造纖維。而且這種聚合物細線要是配合滾筒狀延展機，還可以一口氣拉長好幾十倍。

優秀的人造纖維不只是堅韌而已。還要求天然纖維的觸感與質感。所以纖維還要施加剖面變型、中空、極細等各種加工。可以做為人造纖維原料的聚合物，包含尼龍（耐綸）、PET、奧龍（奧綸）等等。

俗名	種類	特徵	用途
尼龍	$\left[-\underset{H}{N}-(CH_2)_5-\overset{O}{\overset{\|}{C}}-\right]_n$	細而美	絲襪、漁網、腰帶、繩索
聚酯	$\left[-\overset{O}{\overset{\|}{C}}-C_6H_4-\overset{O}{\overset{\|}{C}}-O-(CH_2)_2-O-\right]_n$	防皺，吸水性低	內襯、內衣
奧龍	$\left[-CH_2-\underset{CN}{CH}-\right]_n$	羊毛質感	地毯、毛衣、毛毯、人造皮

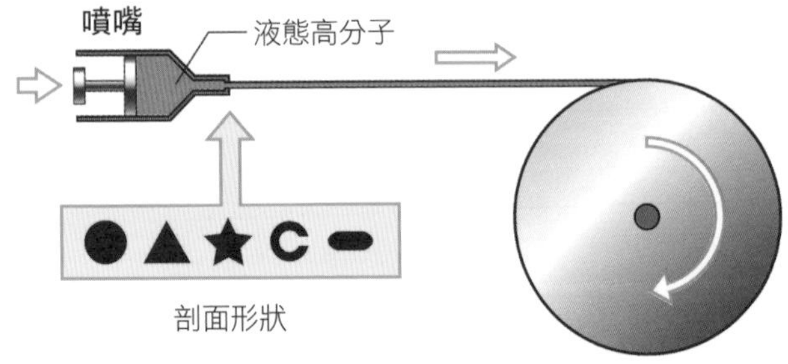

熱塑性樹脂除了前面提過的泛用樹脂和工程用樹脂之外，還有人造纖維。

熱塑性樹脂
- 人造纖維
- 泛用樹脂
- 工程用樹脂

其實可以用結晶度的差異來區分它們。

比方說工程用樹脂PET，只要提高結晶比例就會成為人造纖維。

結晶化
塑膠 → 人造纖維

為什麼橡膠會伸縮？

① 硫化

橡膠的特徵就是**具有彈性**。原因在於橡膠分子的形狀。天然橡膠分子像毛線球一樣捲成一團，但是受到拉扯就會伸展成一直線。

如果拉得太長，最後還是會扯斷。這時候可以添加**硫磺**來防止斷裂。硫磺可以在橡膠分子之間形成架橋構造，使橡膠獲得收縮的性質，這個動作稱為**硫化**。

② 合成橡膠

下表整理出了主要的合成橡膠（Rubber, R）。分為與天然橡膠同樣以異戊二烯所形成的人造天然橡膠，以及由丁二烯（B）與苯乙烯（S）所構成的 SBR 等等。

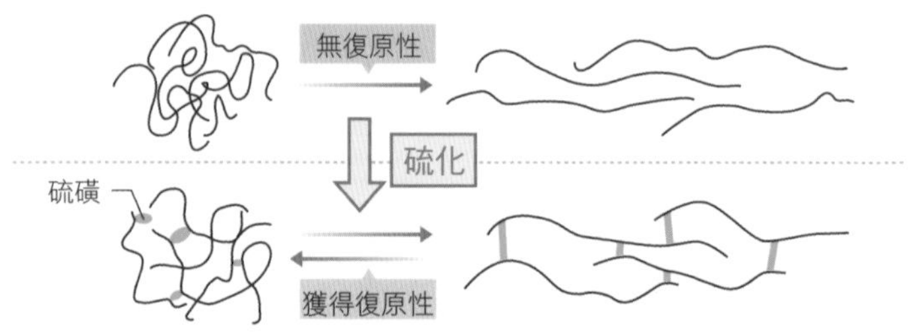

名稱	單體	聚合物
人造天然橡膠	$CH_2=C(CH_3)-CH=CH_2$	$-[CH_2-C(CH_3)=CH-CH_2]_n-$
SBR	$CH_2=CH-C_6H_5$ $CH_2=CH-CH=CH_2$	※ $-[CH_2-CH(C_6H_5)-CH_2-CH=CH-CH_2]_n-$

※ 部份結構式

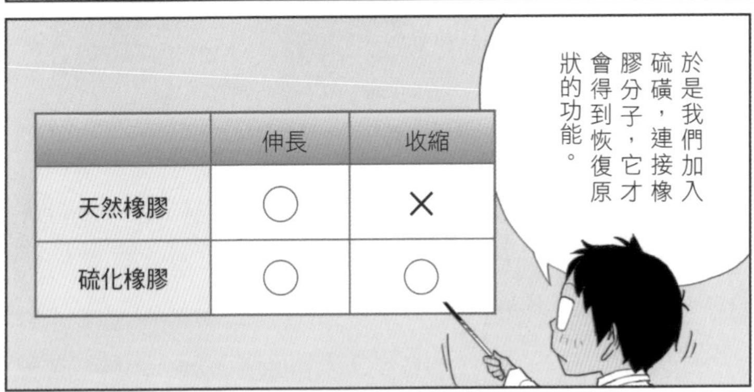

	伸長	收縮
天然橡膠	○	×
硫化橡膠	○	○

功能性聚合物有哪些？

① 導電性聚合物

由乙炔聚合而成的**聚乙炔**，充滿了構成雙鍵的電子雲。電流就是電子的流動，所以只要電子移動，就會產生電流。

但是聚乙炔的電子實在太多，無法移動，就像公路大塞車一樣。所以只要讓車輛保持「安全距離」，就能動起來。

製造安全距離的動作稱為「**摻雜**（Doping）」。在聚乙炔中摻雜碘等元素，它的導電性就直逼金屬。

② 離子交換樹脂

下圖的聚合物Ⓐ只要與 Cl^- 離子起反應，Cl^- 就會與聚合物結合，並流出 OH^-。同樣地，Na^+ 離子與聚合物Ⓑ結合，也會交換出 H^+。

只要使海水流過含有Ⓐ與Ⓑ的柵欄，Na^+、Cl^- 就會被轉換為 H^+、OH^-，而得到純水。

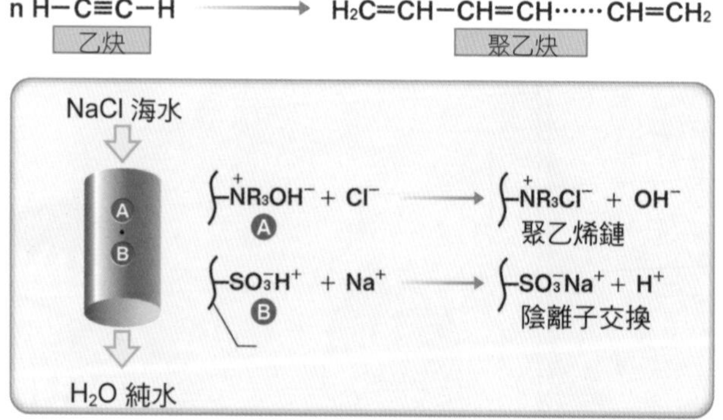

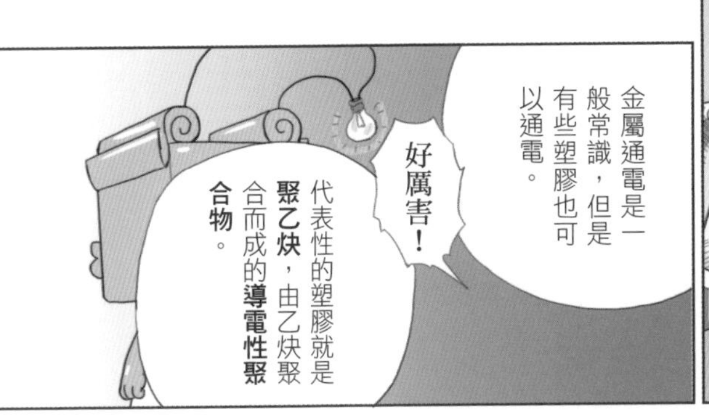

金屬鍵結中的電子，可以在金屬原子間自由移動，產生導電性。

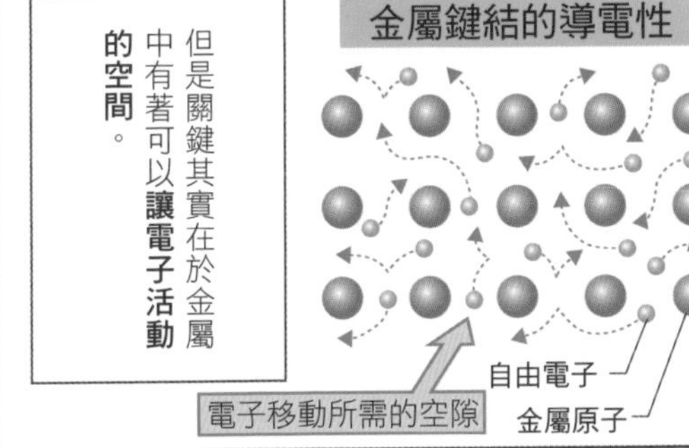

但是關鍵其實在於金屬中有著可以**讓電子活動的空間**。

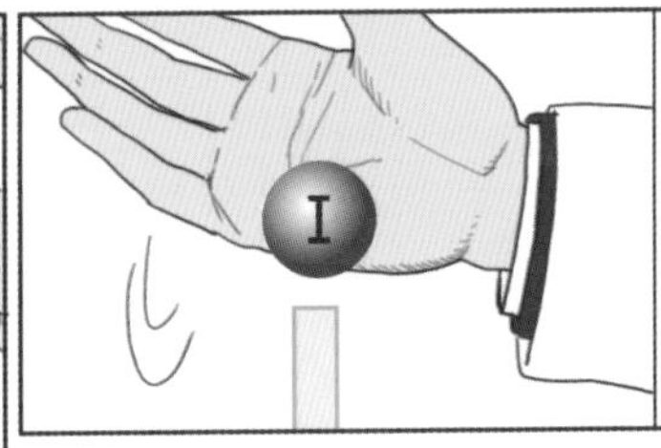

如果在聚乙炔中摻雜容易吸引電子的碘，

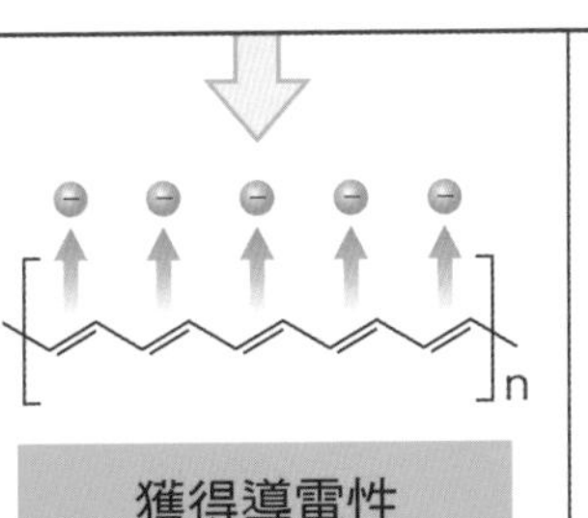

就能夠減少整體的電子量，成功製造與金屬鍵結一樣的空隙。

環保聚合物

① 生物分解性聚合物

塑膠的優點之一就是堅固。但這同時也是它的缺點。廢棄的塑膠製品被排放到環境中，永遠都無法被分解，只能一直棄置下去。

因此有人開發了**生物分解性聚合物**，只要幾個星期就能被地底的細菌分解。這種聚合物也會被人體分解，所以可用來製作不需要拆線的手術縫合線。

② 高吸水性聚合物

紙尿布裡面含有**高吸水性聚合物**，這種物質可以吸收比本身重量重上千倍左右的水份。

它的構造如下圖所示。此種分子呈現三維箱型結構，連接許多羰基鈉鹽。當聚合物吸收水份，鈉鹽就會解離為 COO^-，於是陰離子彼此排斥，打開箱子，而吸收更多的水。

如果把這種聚合物埋在沙漠裡，然後在該處種樹，再灌溉大量水份，樹木就可以一直生長到下次供水為止。對沙漠綠化大有貢獻。

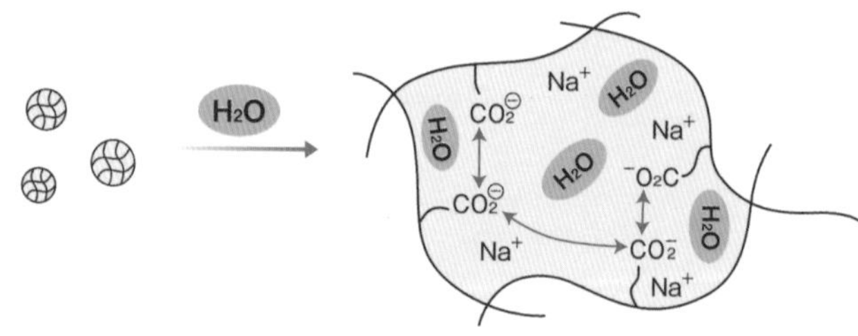

沒想到連「紙尿布」都含有有機物啊！
是呀。
而且它還能當作土壤保水材料，幫助沙漠綠化，就像是科學推動環保，很不錯呢。

那麼我們明天見囉。

尿布啊……

……公主，請跟老師一起去便利商店吧。
好～～
咦？
抓抓

公主，妳還記得最小的有機物是什麼嗎？
嗯——
那妳記得什麼是甲基嗎？

嗯——

不過我記得大部份有機物的材料都一樣，
重點是怎麼連在一起，
其他記得的就是……

有機物一下子就會改變。

Column
巨型水槽

最近的大型水族館中都有著驚人的巨型水槽。連身長十公尺的豆腐鯊都能自在悠遊，令人目瞪口呆。

這種水槽當然不會是玻璃做的。如果用玻璃來做，材料的比重是 2.5～4，光是玻璃就重得要命，搬運起來更是麻煩。而且搬運的重量先不說，我們也很難找到方法搬運那麼巨大的玻璃片。

有了聚合物之後，一切問題都迎刃而解。其實巨型水槽都是由聚合物製作而成。材料是聚甲基丙烯酸甲酯，也就是俗稱的壓克力樹脂。它的比重約為 1.2，比玻璃輕很多，強度是玻璃的 15 倍，而且透光率也比玻璃更高，簡直無懈可擊。較厚的玻璃看來會泛綠，但是壓克力不管多厚都是無色透明的。

而且壓克力還可以現場黏接。也就是說，我們可以在工廠製作小塊，再到現場黏接起來。有了聚合物，我們才能享受巨型水槽中的水底風光。

生命的化學

有機化學原本是討論與生命體有關之物質的學問。所以現在用有機化學研究生命體也是理所當然。生化，藥理，醫學，都少不了有機化學的知識。而 DNA 的結構與功能，正是有機化合物的終極功能。

醣類是指砂糖嗎？

① 生命與太陽能

地球上的生命體都倚賴**太陽能**進行**生命活動**。植物以二氧化碳與水為原料，利用太陽能來製造醣類。醣類就像是自然界製造的太陽能電池。動物就是吃下這些太陽能電池，間接利用太陽能。

② 醣類

醣類指的是由碳、氫、氧構成的分子，大部份的分子式為 $C_m(H_2O)_n$，所以也稱為碳水化合物。

醣類是一種天然高分子，由許多單位低分子結合而成。單位醣稱為單醣類，包括葡萄糖、果糖等等。

兩個單醣進行脫水縮合就會成為**雙醣**。例如兩個葡萄糖可以形成麥芽糖，葡萄醣與果糖則可以形成蔗糖（砂糖）。

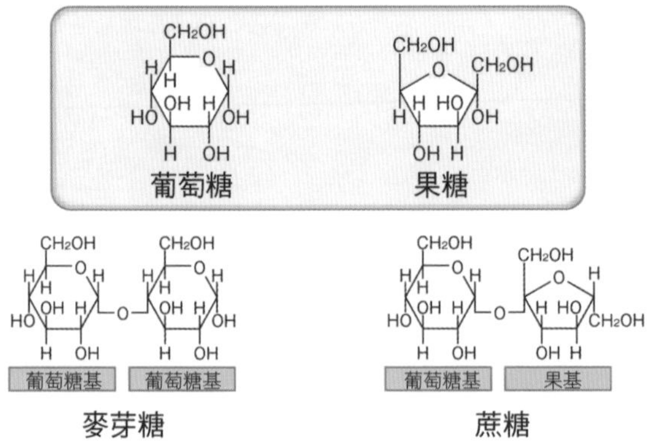

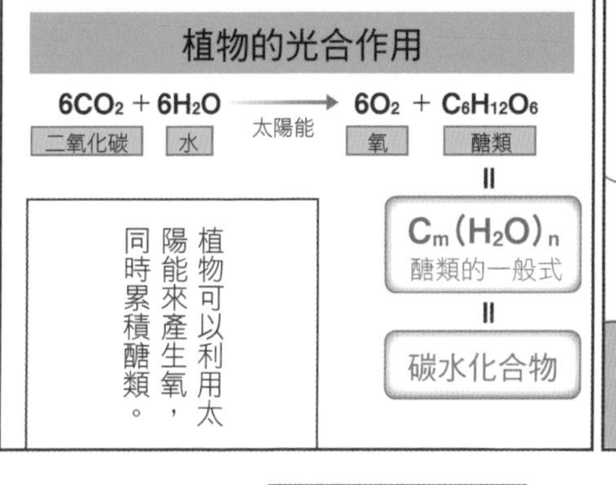

草食動物攝取含有醣類的植物，肉食動物又獵捕草食動物。

因為醣類是**動物無法自行製造的有機化合物**。

所有動物都要不斷從外界吸收有機化合物（營養），來維持生命。

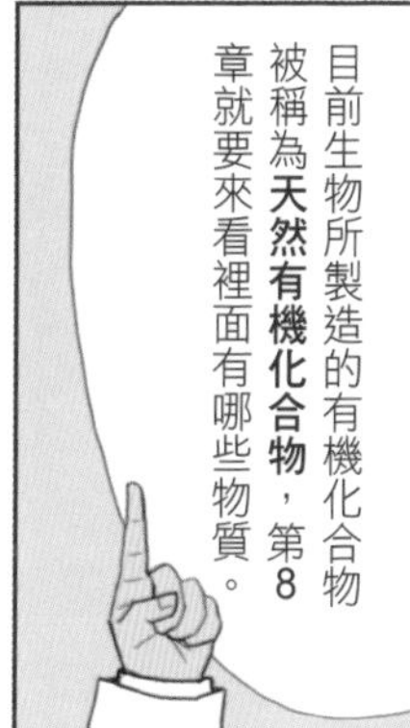

澱粉與纖維一樣嗎？

① 澱粉・纖維

許多單醣可經脫水縮合而形成多個分子聚合而成的多醣類。代表性的多醣有澱粉與纖維。兩者都是由葡萄糖構成，但是結合模式不同，所以人體只能消化澱粉，無法消化纖維。

② 幾丁質・玻尿酸

多醣類在動物體內扮演著重要角色。蝦蟹等甲殼類，以及昆蟲的外骨骼，都是由**幾丁質**所構成。葡萄糖的一個羥基變成胺乙醯（$-\mathrm{NHCOCH_3}$）稱為乙醯葡萄糖胺，再結合成多醣類之後就是幾丁質。

軟骨等部位含有**玻尿酸**，相當於關節的潤滑油。玻尿酸是由一個葡萄糖氧化成的尿甘酸，與一個乙醯葡萄糖胺結合成一種雙醣單體，再結合成的多醣類高分子。

葡萄糖部份　葡萄糖部份

澱粉

葡萄糖部份　葡萄糖部份

纖維

乙醯葡萄糖胺部份　（180 翻轉）

幾丁質

尿甘酸部份　乙醯葡萄糖胺部份

玻尿酸

第7章第2節介紹過的聚合物，其中有個分類是**天然聚合物**。

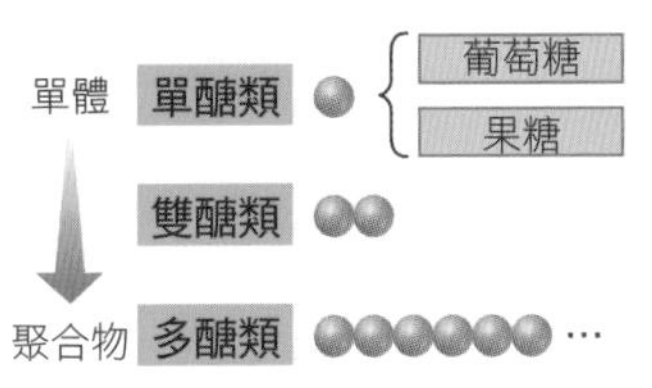

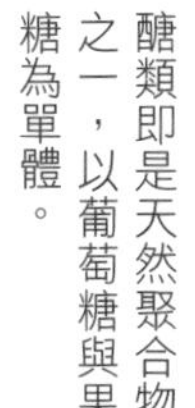

許多葡萄糖連接而成的多醣中，最有名的就是**澱粉**與**纖維**。

這兩種物質的化學式都是 $(C_6H_{10}O_5)_n$，但是前者可以被人體消化，後者則不行。

這是為什麼呢？

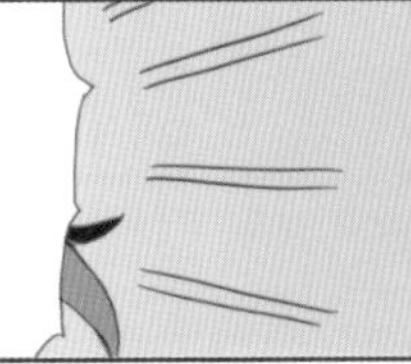

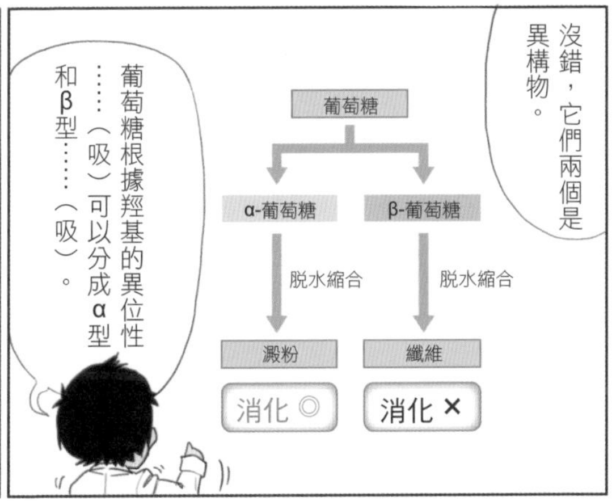

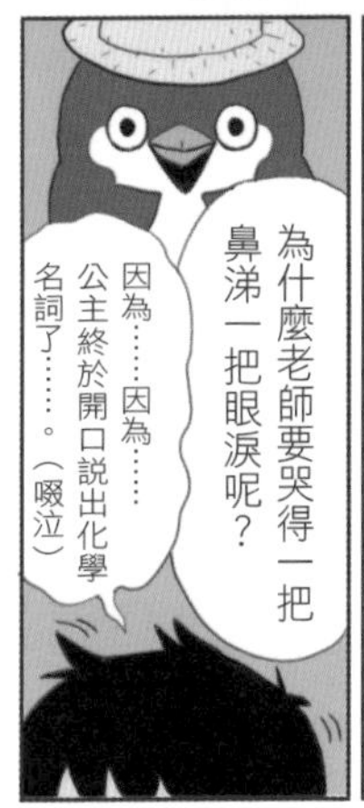

油脂指的是沙拉油嗎？

生命體所含有的油質稱為**油脂**。油脂是三價醇（甘油）與各種羧酸之間所形成的酯。構成油脂的羧酸稱為**脂肪酸**。沙拉油是一種油脂。

脂肪酸種類眾多，碳數從 4 到 30 都有。比方說菜籽油和魚油的差別，就在於脂肪酸構造不同。

有人將碳數在 12 以下的稱為**低級脂肪酸**，以上的稱為**高級脂肪酸**。而包含 C = C 雙鍵的稱為**不飽和脂肪酸**，不含此雙鍵的稱為**飽和脂肪酸**。魚肉中含有許多可能讓人變聰明的 EPA 和 DHA，屬於高級不飽和脂肪酸。

$$\begin{matrix} CH_2-OH \\ | \\ CH-OH \\ | \\ CH_2-OH \end{matrix} + 3\ R-\overset{\overset{\displaystyle O}{\|}}{C}-OH \underset{\text{水解}}{\overset{\text{酯化}}{\rightleftharpoons}} \begin{matrix} CH_2-O-\overset{\overset{\displaystyle O}{\|}}{C}-R \\ | \\ CH-O-\overset{\overset{\displaystyle O}{\|}}{C}-R \\ | \\ CH_2-O-\overset{\overset{\displaystyle O}{\|}}{C}-R \end{matrix}$$

甘油（醇）　脂肪酸（羧酸）　油脂

	飽和脂肪酸	不飽和脂肪酸
低級脂肪酸	$CH_3(CH_2)_6CO_2H$ 羊脂酸	$CH_2{=}CH(CH_2)_8CO_2H$ 十一烯酸
高級脂肪酸 （碳數 12 以上）	$CH_3(CH_2)_{14}CO_2H$ 棕櫚酸	$HO_2C-CH_2-CH_2-CH_2-CH{=}CH-CH_2-CH{=}CH-CH_2$ $CH_3-CH_2-CH{=}CH-CH_2-CH{=}CH-CH_2-CH{=}CH$ 二十碳五烯酸（EPA） （碳數：20　雙鍵數：5）
	$CH_3(CH_2)_{16}CO_2H$ 硬脂酸	$HO_2C-CH_2-CH_2-CH{=}CH-CH_2-CH{=}CH-CH_2-CH{=}CH$ $CH_3-CH_2-CH{=}CH-CH_2-CH{=}CH-CH_2-CH{=}CH-CH_2$ 二十二碳六烯酸（DHA） （碳數：22　雙鍵數：6）

軟綿綿～
植物與動物都含有油質，
那就是油脂。
ZZZZ...
我們常說的脂肪，就是常溫下呈現固態的油脂。

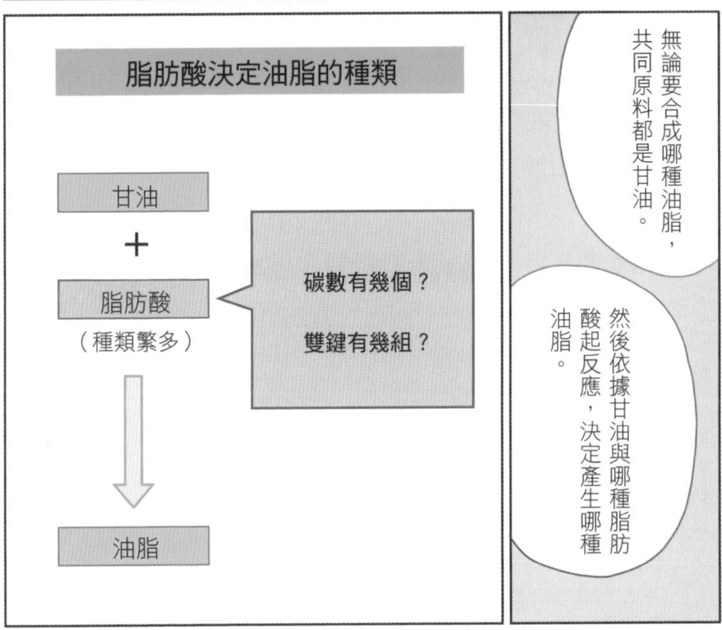
無論要合成哪種油脂，共同原料都是甘油。
然後依據甘油與哪種脂肪酸起反應，決定產生哪種油脂。
脂肪酸決定油脂的種類
甘油
＋
脂肪酸
（種類繁多）
碳數有幾個？
雙鍵有幾組？
油脂

軟綿綿～
軟綿綿～
話說在前頭，這是羽毛，
而且我是麻雀。

維生素與激素有何不同？

① 維生素

維生素是用來調節生命體功能的微量物質，人體內無法自行生產，所以要從食物中攝取。維生素分成可溶於水中的**水溶性維生素**，以及不溶於水但可溶於油中的**脂溶性維生素**。

維生素 A 有助於視覺功能，維生素 B 可以預防腳氣病，維生素 C 可以預防敗血症。

② 激素

激素也是用來調節生命體功能的微量物質，不過可以由特定器官製造，隨著血液運送到其他器官發揮功能。主要的激素有包含類固醇骨架的**類固醇激素**，以及含有胺基的**胺系激素**。各種性激素都是類固醇激素，腎上腺素則是胺系激素。

維生素 A

維生素 C

維生素 B_1

類固醇骨架

睪固酮（男性激素）

R= CH_3：腎上腺素
H：去甲腎上腺素

兩者的差別，在於**人體內能否自行製造**。

維生素 ✕
體內無法製造

激素 ○
體內可以製造

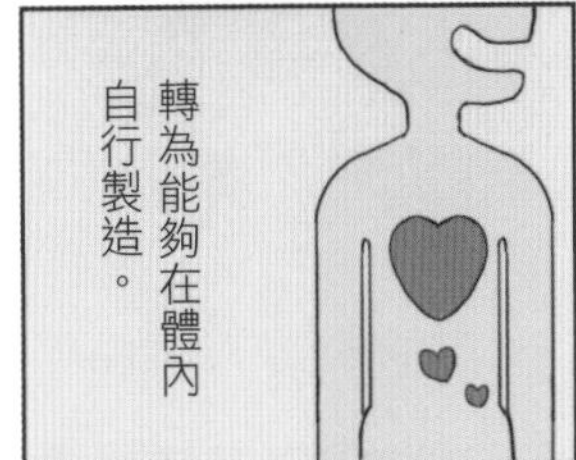

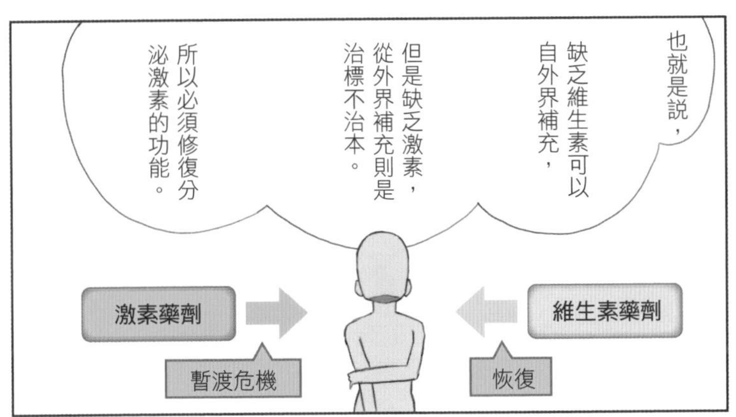

什麼是神經傳遞物？

① 資訊傳遞

我們從眼睛、耳朵等感覺器官獲得資訊，然後傳遞給大腦。大腦會處理資訊，對肌肉發出指令，採取適當行動。這一連串的**資訊傳遞**，都由**化學反應**來完成。

資訊透過神經細胞傳遞，大腦與肌肉之間便連接著許多條神經細胞。資訊會化為電子訊號，在每一條神經細胞中傳導，就像電話一樣。

② 神經傳遞物

但是神經細胞彼此之間並沒有鋪設電話線，所以要寄信才能連絡。相當於郵件的化學物質就是**神經傳遞物**。神經傳遞物種類繁多，最有名的就是乙醯膽鹼與多巴胺。

費洛蒙是一種吸引異性的物質，也可以把它看成在個體之間傳遞資訊的物質。

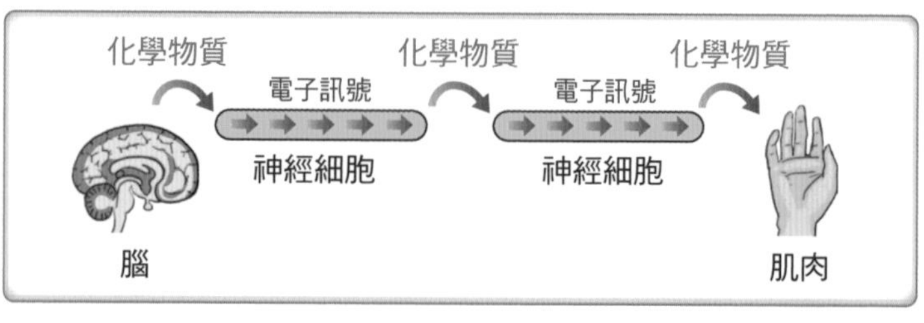

$CH_3-C(=O)-O-CH_2CH_2-\overset{+}{N}(CH_3)_3$

乙醯膽鹼

HO, HO, NH_2

多巴胺

HO–⟨苯環⟩–CO_2CH_3

母犬分泌的費洛蒙

人類的神經細胞長得像這樣，彼此連接之後就能傳導電子訊號。

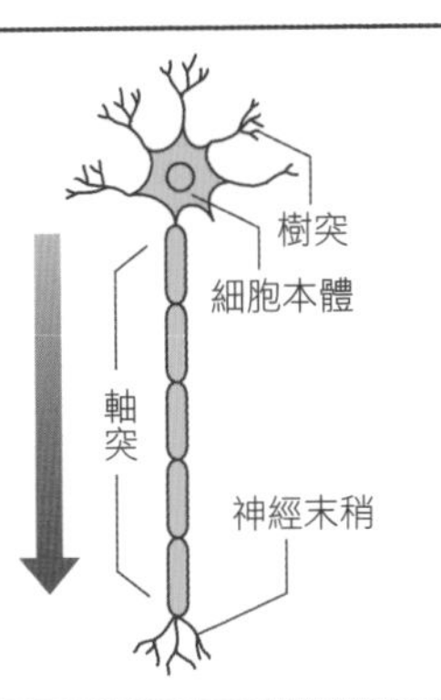

神經細胞之間有連接點（突觸），但並非直接連接。

以突觸傳遞資訊

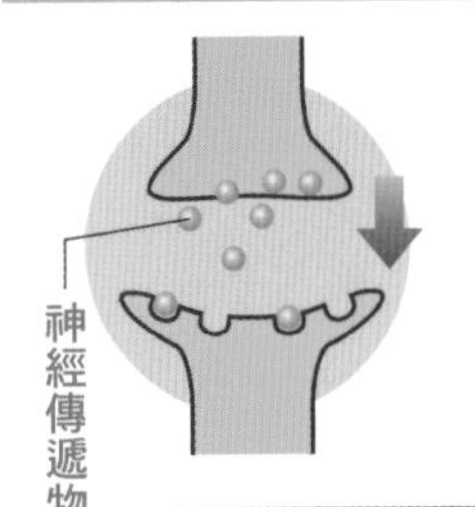

而是傳送神經傳遞物來傳遞刺激。

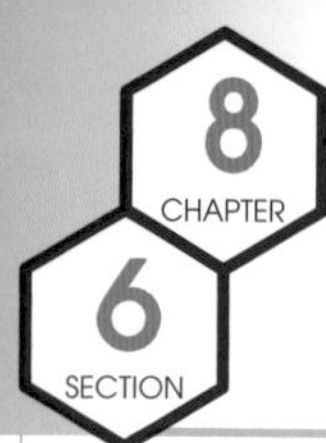

蛋白質是烤肉？

① 胺基酸是光學異構物

蛋白質不是只有蛋白而已，酵素與血紅素等都是蛋白質。蛋白質是生命活動的中樞。

蛋白質屬於**天然聚合物**，其單位分子是**胺基酸**。第 2 章第 11 節告訴我們，胺基酸有 D 型與 L 型的光學異構物。但是天然界中約有 20 種胺基酸，都是 L 型；目前仍沒有人找出理由來解釋此現象。

② 蛋白質的一級構造

兩個胺基酸在胺基與羧酸基之間進行脫水縮合，形成**醯胺**。由胺基酸構成的醯胺特別稱為**肽**，其鍵結稱為**肽鍵**。

當縮胺酸又與其他胺基酸進行縮胺酸鍵結，就會成為胺基酸高分子「**聚肽**」。聚肽中的胺基酸鍵結順序，稱為**蛋白質的一級構造**。

蛋白質屬於聚肽的一種。在聚肽中，擁有特殊立體構造、特殊功能的種類，才稱為蛋白質。

拿走水

$$\mathrm{H{-}N(H){-}C(H)(R){-}C(=O){-}OH} + \mathrm{H{-}N(H){-}C(H)(R'){-}C(=O){-}OH} \xrightarrow[\text{脫水縮合}]{-H_2O} \mathrm{H{-}N(H){-}C(H)(R'){-}C(=O){-}N(H){-}C(H)(R'){-}C(=O){-}OH}$$

胺基酸　胺基酸　縮胺酸鍵結　肽

胺基酸 → 胺基酸 → ……NH−CH(R)−CONH−CH(R')−CONH−CH(R'')−CO……

縮胺酸鍵結　縮胺酸鍵結　聚肽

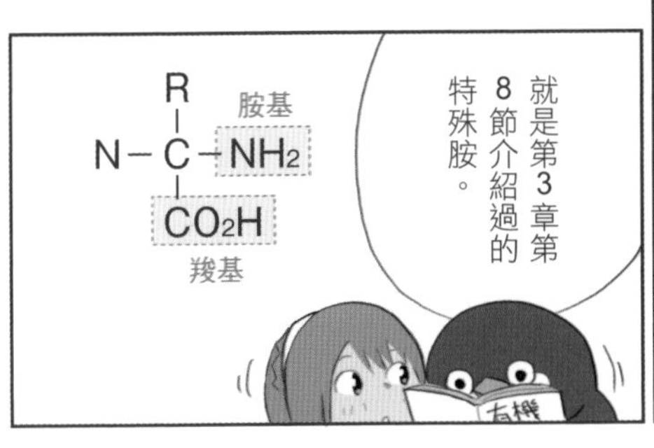

由胺基酸縮合聚合而成的高分子稱為聚肽。

其中一種聚肽是人體非常重要的營養，就是**蛋白質**。

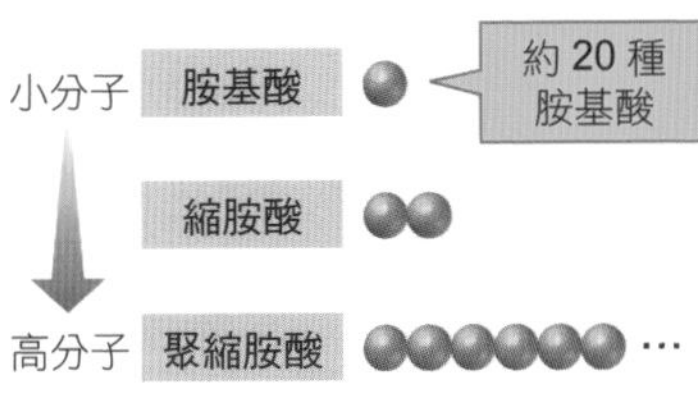

名為蛋白質的化合物，有著複雜的構造，可以分成數級來探討。

這裡就先分成三級吧。

蛋白質

- 一級構造
- 二級構造
- 高級構造

何謂一級構造

Ala	Arg	Asn	Asp
Cys	Gln	Glu	Gly
His	Ile	Leu	Lys
Met	Phe	Pro	Ser
Thr	Trp	Tyr	Val

20種胺基酸，可結合成超過十萬種蛋白質

做為單位分子的胺基酸有二十種，**它們以何種排列方式聚合？**

這就是蛋白質的一級構造。

一級構造的排列方式會影響到二級構造、高級構造。

蛋白質的立體構造

① 蛋白質的二級構造

蛋白質有著複雜的立體構造。它的立體構造由兩部份構成，也就是螺旋狀的 α 螺旋結構與板狀的 β 摺板結構。β 摺板結構指的是聚肽鏈摺疊而成的平面部份。

② 蛋白質的高級構造

下圖是蛋白質的構造示意圖，由上面兩種部份結構組合而成。四個如此構成的蛋白質組合起來，就成為血紅素。這種立體構造稱為蛋白質的高級構造。

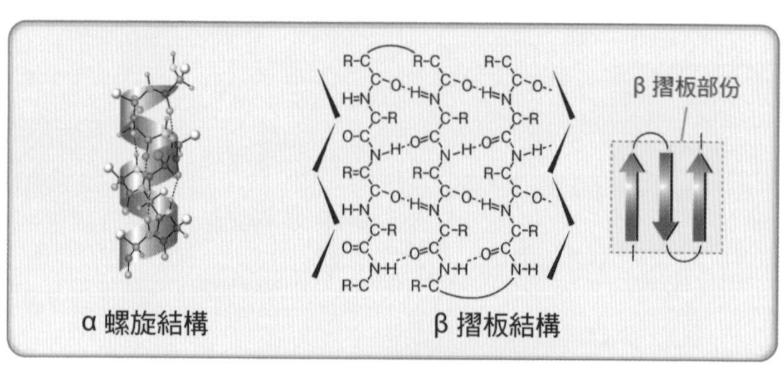

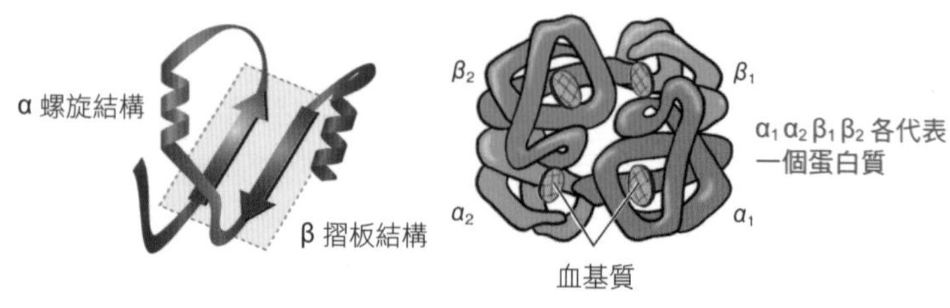

蛋白質的一級構造，是單純直線連接而成的平面構造。
如果因為氫鍵或靜電吸引力造成分子摺疊，就會變成立體構造，
就是蛋白質的二級構造。
二級構造
螺旋狀
摺板狀
一級構造會決定
二級構造的形狀

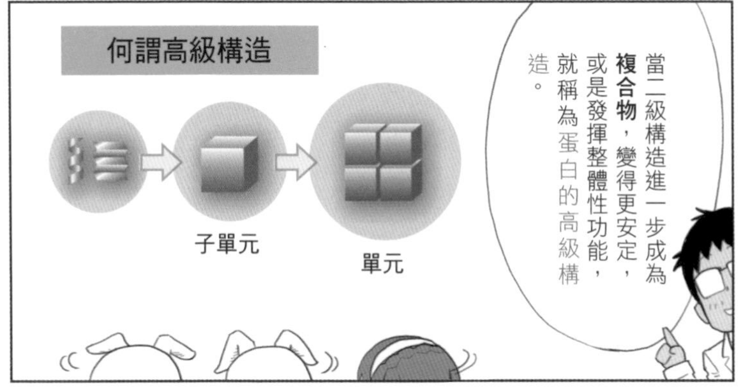
當二級構造進一步成為複合物，變得更安定，或是發揮整體性功能，就稱為蛋白的高級構造。
何謂高級構造
子單元
單元

蛋白質構造可以整理出以下結論。
蛋白質
一級構造　＝　平面構造
二級構造　＝　立體構造
高級構造　＝　複合物
好！來玩吧！
哎呀？
呼嚕——

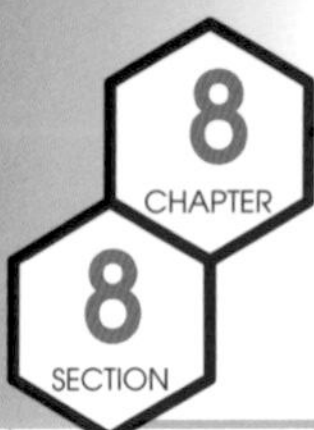

遺傳與 DNA ・ RNA 的關係

① DNA 與 RNA

生物的特色就是能夠自行再造。自我再造是遺傳的功能，遺傳是一連串的化學反應，其中的核心則是**核酸**。核酸包含 DNA 與 RNA，當母細胞分裂時，DNA 就會進入子細胞中。

② DNA 的一級構造

DNA 屬於**天然高分子**，單位分子是核苷酸，簡稱核苷，核苷又分成 A、T、G、C 四種類。

DNA 是記錄遺傳情報的指令書。由 DNA 上面 ATGC 的四種不同字母所組成。所以四種核苷的排列順序很重要，這就是 **DNA 的一級構造**。

③ DNA 的雙螺旋構造

DNA 會以兩條細長分子互相糾纏為螺旋狀。所以稱為**雙螺旋構造**。

把兩條分子命名為 A 鏈與 B 鏈，則 A 鏈的 A 對應 B 鏈的 T，C 會對應 G。因為 A － T、C － G 之間會產生氫鍵。於是我們知道，兩條 DNA 鏈會以**氫鍵**緊密結合在一起。

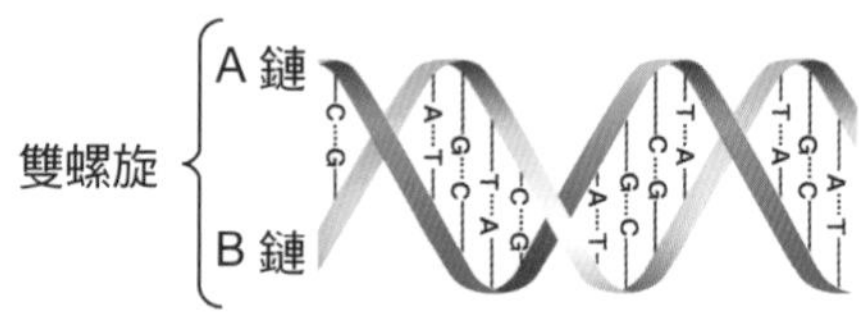

核酸也是高分子結構，單位分子是**核苷**。**DNA**是核酸的一種。

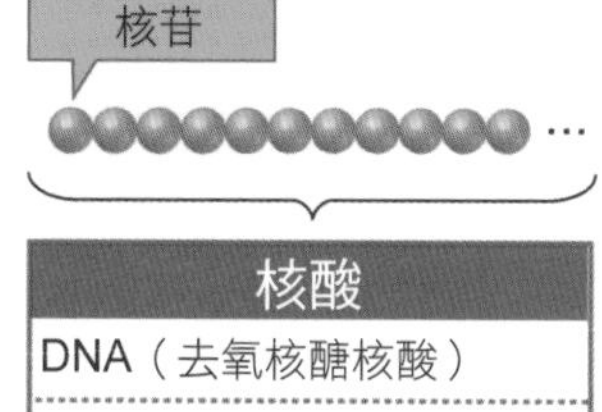

核苷的種類，是根據其中包含的鹽基代號來決定

含氮鹽基	符號	DNA	RNA
腺嘌呤	A	保有	保有
鳥嘌呤	G	保有	保有
胞嘧啶	C	保有	保有
胸腺嘧啶	T	保有	×
尿嘧啶	U	×	保有

上一節看到的蛋白質，其製造過程的原點也可以說是核酸。

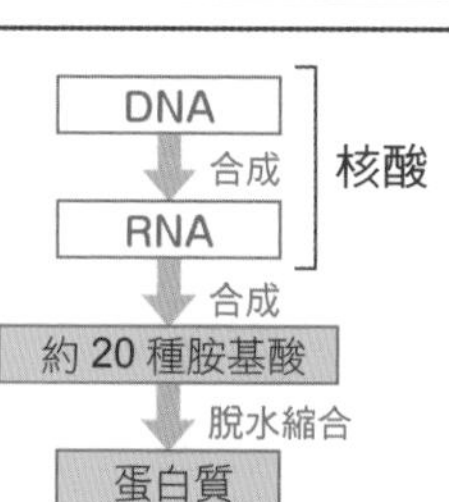

也就是說，由DNA合成的**RNA**，又會合成蛋白質的單位分子：胺基酸。

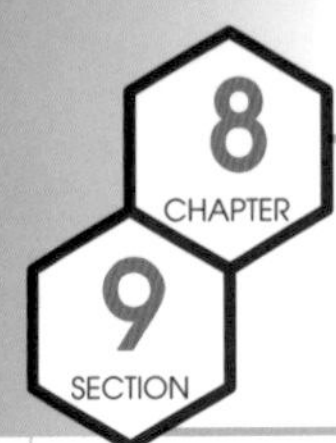

DNA 會增殖嗎？

① 雙螺旋 DNA 的增殖

當細胞分裂成兩個，DNA 的**雙螺旋**也會分裂再造，變成兩組雙螺旋。

也就是說，A 與 B 構成的雙螺旋構造會分裂為 A、B，然後舊 A 鏈會產生新 B 鏈，舊 B 鏈會產生新 A 鏈。於是完成舊 A －新 B，舊 B －新 A 兩組雙螺旋 DNA。

② 核苷對應

DNA 分裂再造的位置有著許多的**核苷**。當 DNA 的雙螺旋從其中一點（稱為端點）分裂，分裂後的舊 A 鏈、舊 B 鏈上的核苷變成沒有連接對象。這時候對應的核苷會靠近，依序連接，成為新的 DNA 鏈。於是完成兩組與之前構造完全相同的雙螺旋。

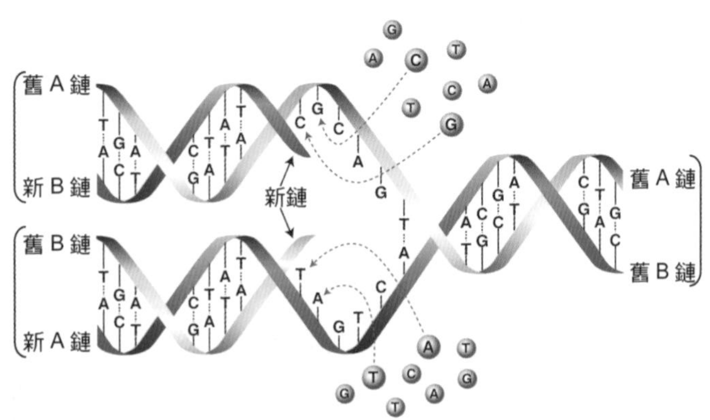

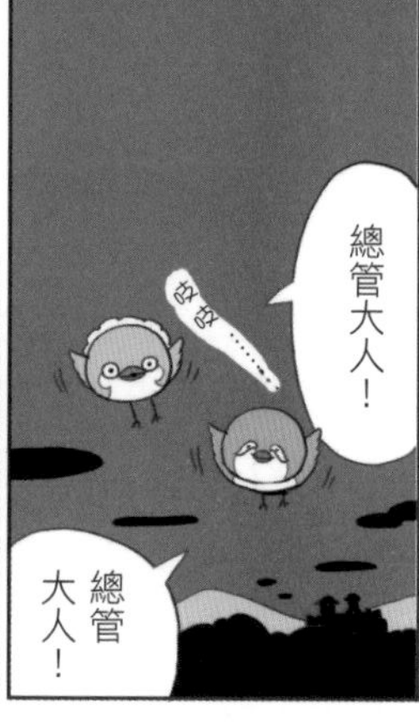
總管大人！
咕咕……
總管大人！

公主，我要先回宅邸一步了。
請兩位慢慢聊。

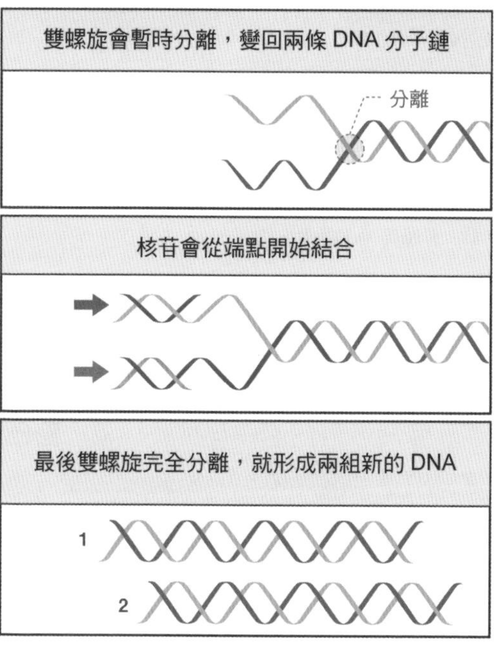
雙螺旋會暫時分離，變回兩條 DNA 分子鏈
分離
核苷會從端點開始結合
最後雙螺旋完全分離，就形成兩組新的 DNA
1
2

所以複製DNA的重點，就在於
①兩條分子鏈的組合結構。②核苷的氫鍵。
哦……

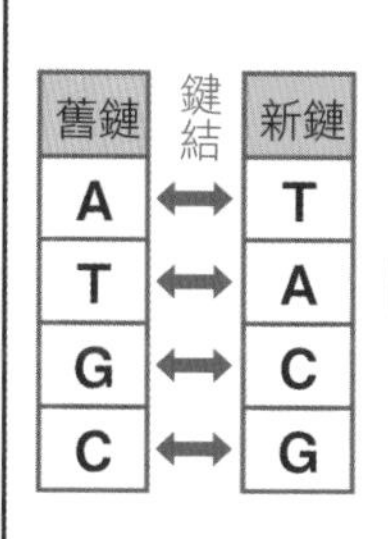
順便提一下，核苷的氫鍵有明確規則，
只能跟固定對象鍵結。
舊鏈
鍵結
新鏈
A ⟷ T
T ⟷ A
G ⟷ C
C ⟷ G

好！

來比賽看誰先跑回家！

RNA 的任務是什麼？

① RNA 合成

DNA是遺傳動作的指令書，**RNA**則是依照指令，負責監控蛋白質製做過程的工頭。

在 DNA 之中，與遺傳有關的部分稱為**基因**。基因在 DNA 中佔不到一成，剩下九成都沒有用處，稱為**垃圾 DNA**。

RNA 就是僅以 DNA 的基因部分連接而成的物質。所以 RNA 不算母體交付給子體的東西，而是子體根據母體的指令（DNA）所自行製造的東西。

② RNA 的功能

RNA 也和 DNA 一樣使用四種核苷，不過跟 DNA 不同的是，沒有 T 而是 AUGC 四種。

RNA 使用其中三個核苷（三個符號）來指定製造胺基酸種類，每三個核苷排成一組「**密碼子**」。胺基酸會依照密碼子的順序集合、結合，形成一級構造，最後再形成高級構造，變成蛋白質。RNA 也會發揮酵素合成功能，控制生化學反應，建立具體的遺傳情報架構。

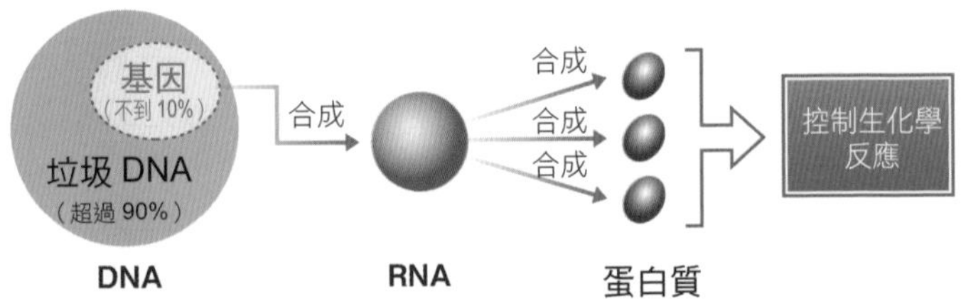

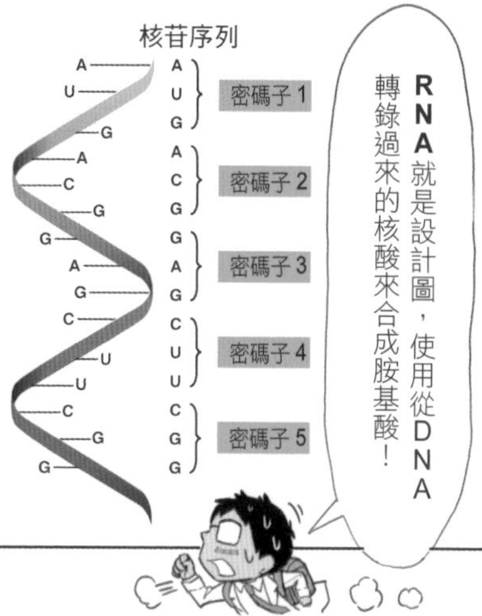
RNA就是設計圖，使用從DNA轉錄過來的核酸來合成胺基酸！
核苷序列
A
U
G
A
C
G
G
A
G
C
U
U
C
G
G
AUG
ACG
GAG
CUU
CGG
密碼子 1
密碼子 2
密碼子 3
密碼子 4
密碼子 5

呼
呼
呼
呼
終點！
公主，歡迎回來。

有事情要報告，
國王與王后方才自宇宙視察平安回國了。

已經過三年了呢……公主。
……是啊。

父王，母后，
他們知道什麼是有機化學嗎？
老師你說呢？
還有20公尺……
終

Column

毒物

第 8 章的本文主要介紹維持生命的化合物，但是也有些化合物會危害生命。這些物質稱為**毒物**。

最有名的毒物應該就是氰化鉀 KCN。氰化鉀屬於呼吸毒。呼吸毒就是會使肌肉硬化，無法呼吸，妨礙細胞運送氧。原因就是氰化物離子 CN^- 會與血基質中的鐵進行不可逆結合，一結合就放不開。結果血基質無法與氧結合，也無法運送氧。一氧化碳也是具有相同反應機制的毒物。

劇毒菇類毒蠅傘，含有名叫毒菌鹼的毒素。這種物質的結構與神經傳遞物乙醯膽鹼非常類似。所以神經細胞會誤將毒菌鹼當成乙醯膽鹼，結合之後傳送錯誤資訊。這種毒稱為神經毒。

河豚的河豚毒素也是神經毒。它的結構很複雜，但仍被日本化學家給搞清楚了。現在也發現，河豚毒素不是由河豚本身製造，而是河豚體內累積的食物毒素而成。

毒菌鹼

乙醯膽鹼

河豚毒素

有機化學實驗

有機化學的一個重要研究領域，就是有機合成化學。有機合成化學，就是要以人類的雙手，去創造宇宙中前所未有的新物質，所以要不斷去做實驗。實驗的樂趣，正是有機化學的一大魅力。

S_N1 反應的反應速率

① 實驗

①以鹽酸 HCl 溶解少量氯化鋅 $ZnCL_2$，調配出溶液。

②在三支試管中分別裝入乙醇❶，2 －丙醇❷，2 －甲基－ 2 －丙醇❸。

③對三種醇加入①的鹽酸溶液，攪拌之後靜置。

結果 比較溶液分離為兩層的速度，依序為❶＜❷＜❸。❸最為快速。

② 驗證

此反應為單分子親核置換反應（S_N1 反應）。所以反應會透過正離子中間體來進行，**右下圖**表示三種不同的正離子構造。

此反應的進行速度，取決於正離子中間體是否安定。愈安定，反應進行速度愈快。正離子缺乏電子，所以有了能夠供給電子的置換基（甲基）會比較安定，而且甲基數量愈多愈有利於安定。

比較三種離子，發現❹只有一個甲基，❺有兩個，❻有三個。所以安定度順序為❹＜❺＜❻。所以此順序也反映在反應速率上，成為❶＜❷＜❸。

反應條件決定反應模式是 S_N1 或 S_N2。想知道反應以哪個模式進行，觀察置換基的效果也是一種方法。

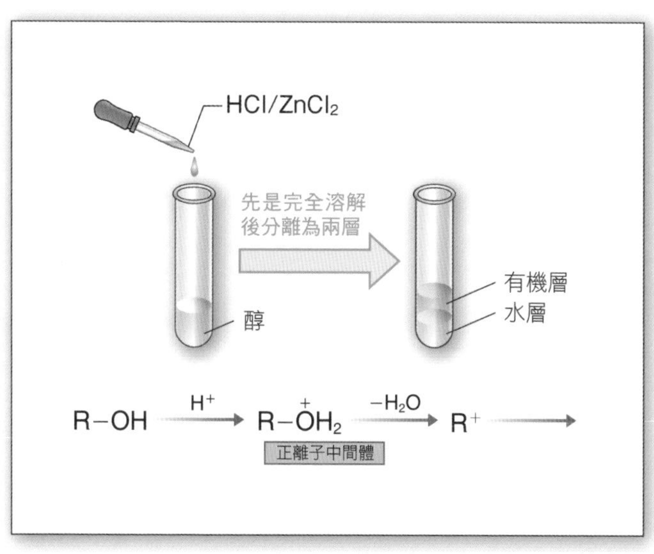
HCl/ZnCl2
先是完全溶解
後分離為兩層
有機層
水層
醇
R−OH
H+
R−OH2+
−H2O
R+
正離子中間體

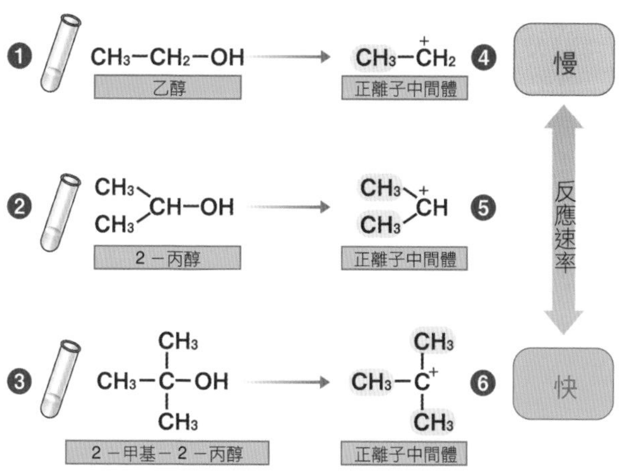
CH3−CH2−OH
乙醇
CH3−CH2+
正離子中間體
慢
CH3 CH−OH CH3
2−丙醇
CH3 CH+ CH3
正離子中間體
反應速率
CH3−C−OH (CH3)2
2−甲基−2−丙醇
CH3−C+ (CH3)2
正離子中間體
快

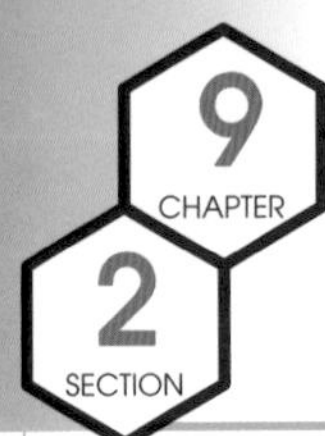

溴加成反應

1 實驗*

①在兩支試管中分別放入辛烷 C_8H_{18} 與辛烯 C_8H_{16} 的無色透明溶液。

②在兩支試管中分別以滴管加入一滴紅褐色的溴液體，並加以攪拌。

結果 比較兩支試管內的溶液顏色，發現辛烷溶液變成紅褐色，但辛烯溶液則變成透明無色。

2 驗證

溴會對雙鍵及三鍵等不飽和鍵進行加成，產生溴化物。所以會與具有 $C = C$ 雙鍵的烯，以及具有 $C \equiv C$ 三鍵的炔起反應，至於沒有不飽和鍵的烷則不會與溴起反應。

溴是紅褐色的液體，將溴加入不會與溴起反應的烷中，烷液體就會被溴染成紅褐色。相較之下，烯與炔溶液會與溴起反應，成為無色透明的溴化物，所以溴的顏色會消失。只要溴的量沒有加太多，溶液就不會變成紅褐色。

這個反應可以用來測試結構不明的未知物質，找出該物質的結構。也就是說，將溴溶液加入結構不明的物質中，如果溶液成為紅褐色，就代表該物質沒有不飽和鍵。另一方面，如果溴的顏色消失，就代表該物質有不飽和鍵。

*註：溴碰到皮膚會產生激烈反應，非常危險，使用時必須特別小心。

溴只會跟不飽和鍵（雙鍵・三鍵）起反應，成為無色透明的溴化物

$$R_2C{=}CR_2 + Br_2 \longrightarrow R_2C(Br){-}C(Br)R_2$$

雙鍵　紅褐色　無色

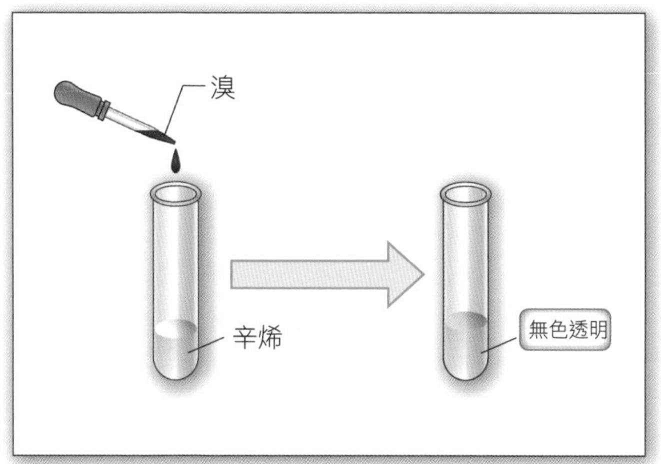

辛烷 + Br_2 ⟶ 不反應

紅褐色　（Br_2 會殘留，所以呈現紅褐色）

辛烯 + Br_2 ⟶ Br, Br（1,2-二溴辛烷）

紅褐色　無色

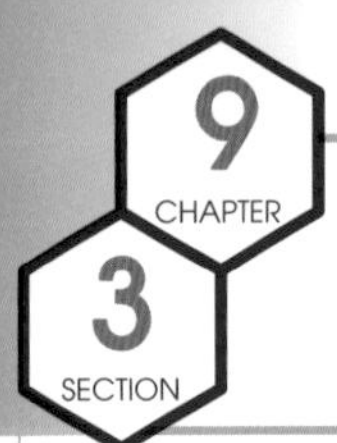

碘仿反應

① 實驗

①調配出碘 I_2 與氫氧化鉀 KOH 混合而成的紅色水溶液。

②在兩支試管中分別加入丙醛❶與 2 －丙酮❷。

③將①的溶液分別加入兩支試管中，然後加以攪拌。

結果 ❷的溶液會產生碘仿 CHI_3 的黃色結晶，而❶的溶液則不產生結晶。

② 驗證

此反應稱為**碘仿反應**。是具有乙醯基 $CH_3C=O$ 的化合物才有的特殊反應。而❶不具有乙醯基，所以不會起反應。只有❷才會起反應。

只要使用這個反應，就能輕易判斷未知化合物是否含有乙醯基。故可用來決定化合物結構。

右圖表示反應進行過程。化合物❷會烯醇化而成為❸。當❸的羥基OH離子化後與碘作用，就會成為一碘化物❹。同樣的反應重複三次之後，就形成三碘化物❺。

至於❺的羰基，由於碳帶正電，會受到氫氧化物離子 OH^- 的攻擊，形成醋酸❻與碘仿。

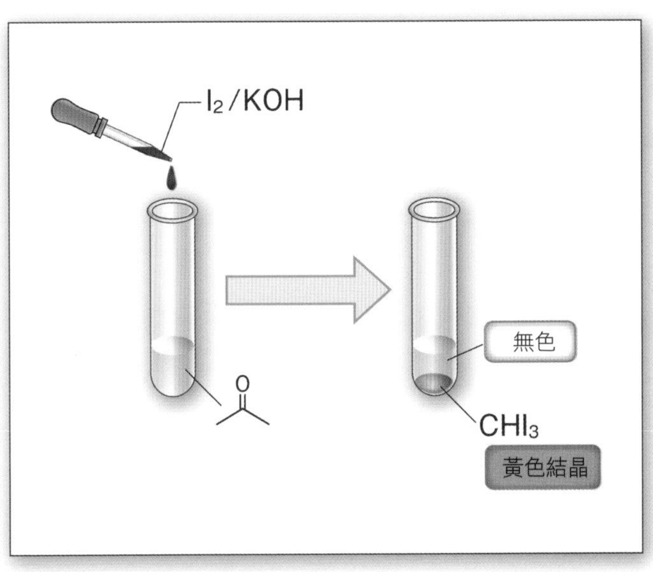

❶ $CH_3-CH_2-CH=O \xrightarrow{I_2/KOH}$ 無變化

丙醛

❷ $CH_3-\overset{O}{\overset{\|}{C}}-CH_3 \rightarrow CH_3-\overset{O-H}{\overset{|}{C}}=CH_2 \xrightarrow{OH^-} CH_3-\overset{O^-}{\overset{|}{C}}=CH_2 \xrightarrow{I_2} CH_3-\overset{O}{\overset{\|}{C}}-CH_2-I$

2－丙酮　　❸　　❹

$\rightarrow \rightarrow CH_3-\overset{O}{\overset{\|}{C}}-CI_3 \rightarrow CH_3-C\overset{=O}{\underset{OH}{}} + CHI_3$

^-OH

❺　　醋酸 ❻　　碘仿 黃色結晶

斐林反應與銀鏡反應

① 實驗

本節介紹兩種醛定性反應，**斐林反應與銀鏡反應**。

◆斐林反應*

將無色透明的乙醛加入新製含有硫酸銅（II）$CuSO_4$ 與酒石酸鉀鈉的藍色水溶液（斐林試劑）中，會產生紅色沉澱物。

◆銀鏡反應

將乙醛加入透明無色的氨性硝酸銀 $AgNO_3$ 水溶液中，試管內壁會成為銀色鏡面。

② 驗證

醛很容易氧化，氧化之後就成為羧酸。容易氧化的意思就是容易與氧結合。所以它能夠從反應對象身上搶走氧，將對方還原。也就是說醛是具有還原性的物質，可以當成**還原劑**。

從電子觀點來看，還原劑也可以當成賦予對方電子的物質。所以硫酸銅的銅（II）離子 Cu^{2+}，一碰到醛就會被還原。獲得電子的 Cu^{2+} 會成為銅（I）離子 Cu^{+}，進而形成氧化銅（I）Cu_2O 的紅色沉澱物。這就是**斐林反應**。

另一方面，硝酸銀的 Ag^{+} 會被還原為金屬銀 Ag^{0}，在試管壁上析出而成為銀鏡。這就是**銀鏡反應**。

這些反應可以用來判斷化合物是否具有還原性。如果具有還原性，就可能是醛類。

*並非所有的醛都可進行斐林反應，如苯甲醛即不反應。

$$\underset{\text{醛}}{R-C(=O)H} \xrightarrow{\text{氧化 (O)}} \underset{\text{羧酸}}{R-C(=O)-O-H}$$

醛會被氧化
‖
還原對方
‖
還原劑

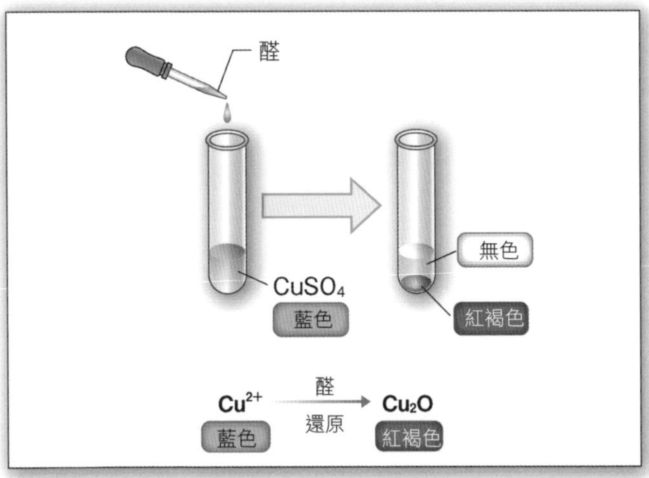

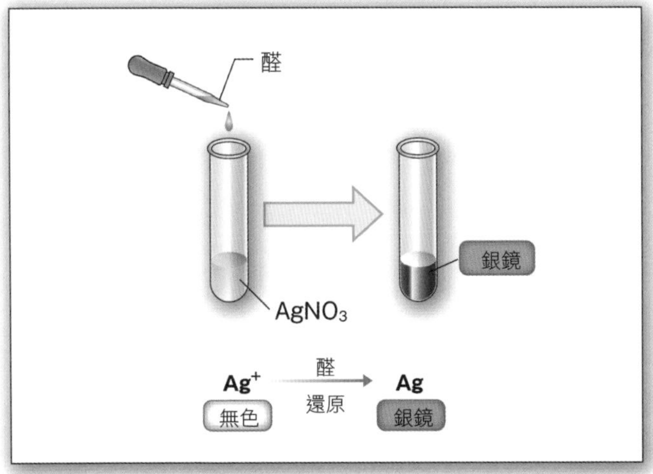

格林納反應裝置

① 格林納反應

格林納反應（Grignard reaction）是將酮 $R_2C=O$ 轉換為醇 R_3COH 的反應。

格林納反應的第一步，是讓金屬鎂與鹵化物起反應，製造出格林納試劑。然後將酮加入試劑中，進行格林納反應，產生中間生成物。最後將此中間生成物加水分解，成為最終生成物醇。

格林納反應是在同一個反應裝置中進行的一連串反應。像這種在同一個反應裝置中進行的一連串反應，稱為**一鍋合成反應**（one - pot reaction）。

② 格林納反應裝置

格林納試劑會與濕氣及氧氣起反應，所以反應裝置必須特別講究，避免這兩種物質的影響。

右圖是代表性的**格林納反應裝置**。反應在三口燒瓶中進行。燒瓶需要加熱，所以要放入有矽油之中，以**電磁加熱攪拌器**隔油加熱。

③ 電磁加熱攪拌器

電磁加熱攪拌器內部有強力磁鐵，以馬達加以旋轉。這樣可藉由磁力旋轉矽油浴與燒瓶中的磁鐵棒（有時稱為攪拌子），攪拌矽油與燒瓶中的液體。

④ 冷卻器

加熱反應容器之後，反應溶液（溶媒）就會沸騰成為氣體。接著使用冷卻器將氣體冷卻，再次變回液體。

被冷卻變回液體的溶媒，會從冷卻器上滴落變回反應溶液。於是溶媒會在反應溶器與冷卻器之間循環，這種加熱法稱為**加熱回流**。加熱回流的過程中，溶液溫度（反應溫度）就是溶液的沸點。

⑤ 分液漏斗

分液漏斗負責對燒瓶中的基質溶液添加試劑溶液。藉由栓閘開關，可以任意調節試劑添加速度。

分液漏斗連接有緩衝瓶，維持反應系統內充滿氮氣，才能排出系統內的濕氣與氧氣。多餘的氮氣會透過石蠟油而排放到系統外。

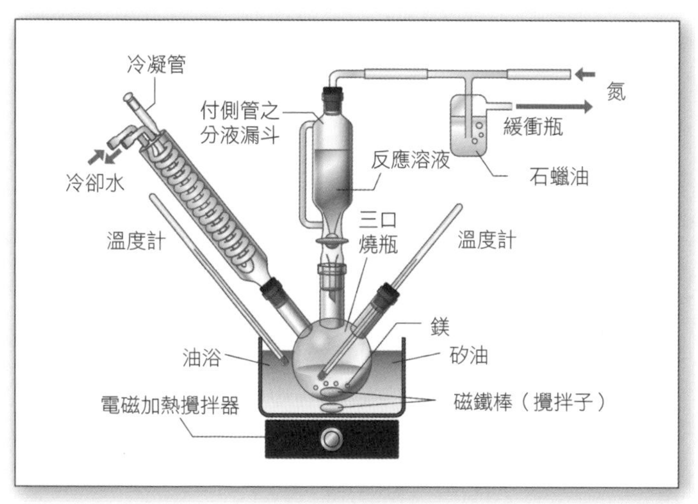

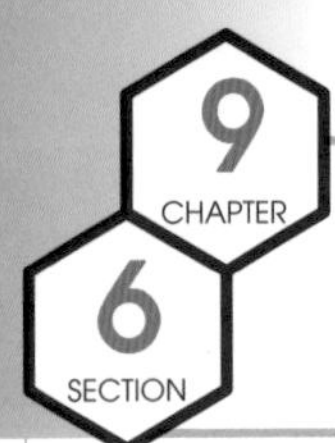

實際的格林納反應

格林納反應分為三階段進行。

①製備格林納試劑，②格林納試劑與基質的反應，③中間生成物的分解。

① 調整格林納試劑

在三口燒瓶中加入金屬鎂的細切箔片，以及乾燥溶媒。格林納反應常用的溶媒有醚類與 THF。

在分液漏斗中放入氯化物❶溶液，滴下溶液之後劇烈攪拌❶會與鎂起反應，產生格林納試劑❷。

② 格林納反應

在分液漏斗滴空之後，放入羧基化合物❸的溶液繼續滴下。於是❸會與之前的格林納試劑❷起反應，產生中間生成物❹）。

這個反應會發出高熱，所以有時會用冰浴代替矽油浴進行冷卻。加入鹵化物之後反應會緩和，接下來的數十分鐘則以矽油加熱，進行加熱回流。

③ 分解

分液漏斗滴空之後，繼續加入水進行滴下。於是中間生成物❹會被水分解，產生最終生成物❺。

此反應會產生高熱，所以剛開始必須小心觀察狀況，慢慢加水。

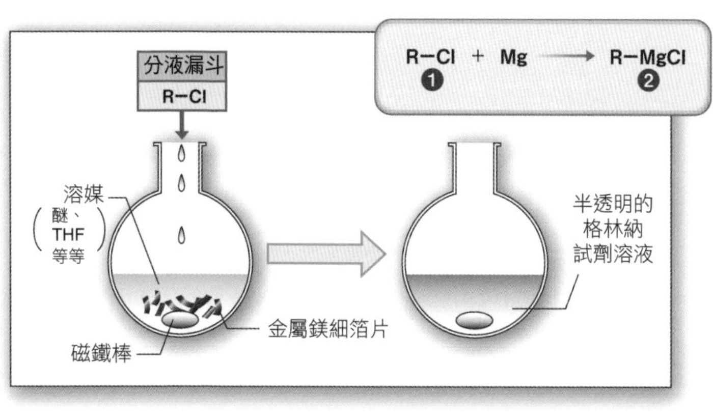
R−Cl + Mg → R−MgCl
❶
❷
分液漏斗
R−Cl
溶媒
（醚、THF 等等）
半透明的
格林納
試劑溶液
金屬鎂細箔片
磁鐵棒

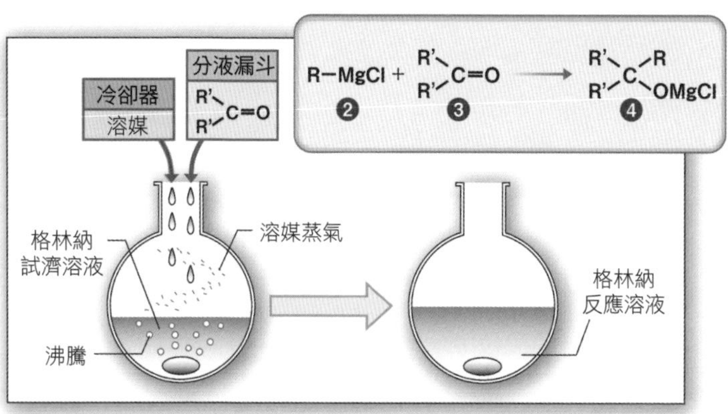
R−MgCl + R'R'C=O → R'R'C(R)OMgCl
❷
❸
❹
冷卻器
溶媒
分液漏斗
格林納
試濟溶液
溶媒蒸氣
沸騰
格林納
反應溶液

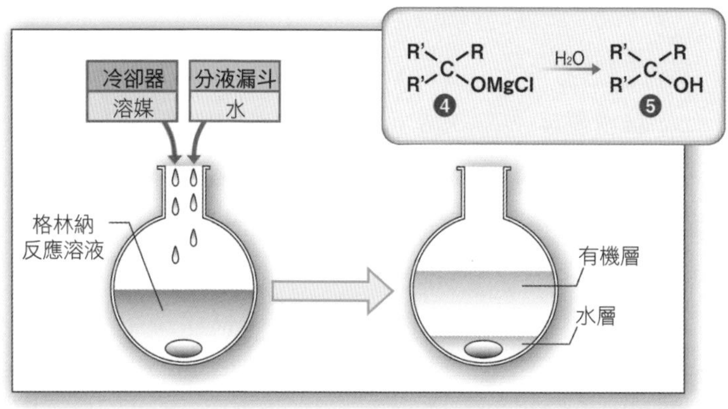
R'R'C(R)OMgCl → H2O → R'R'C(R)OH
❹
❺
冷卻器
溶媒
分液漏斗
水
格林納
反應溶液
有機層
水層

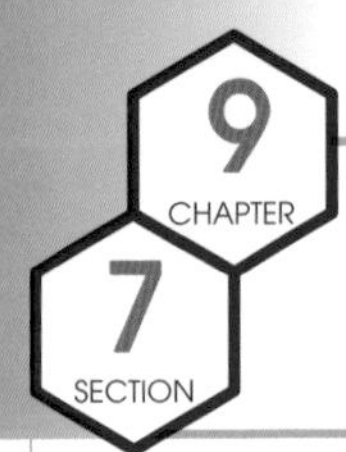

生成物的分離——萃取

① 分離操作

反應實驗結束之後，我們也無法立刻取得生成物。因為反應溶液中除了目標生成物之外，還留下一大堆溶媒，以及未反應的原料物質，還有各式各樣的副生成物。為了得到目標生成物，還需要分離生成物的實驗步驟。這就是**分離操作**。

② 萃取

格林納反應溶液中除了生成物之外，還有溶媒、水，以及鎂所產生的無機鹽。

首先讓我們來排除水與無機鹽吧。將反應溶液放入分液漏斗中，就會因為比重不同而分為下面的水層與上面的有機層。生成物是有機物，所以會溶在溶媒之中，進入有機層。而無機鹽則會溶在水中，進入水層。

打開分液漏斗的栓閘，水層就會流入錐形燒瓶中。接著把剩下的有機層放入另一個錐形燒瓶，水層與有機層就會分離，進而可以分離生成物與無機鹽。

③ 溶媒蒸散

從有機層中去除溶媒的動作稱為**溶媒蒸散**。這時候要使用的裝置是旋轉蒸發器（Rotary evaporator）。先將溶液裝入燒瓶內部，然後進行減壓（讓氣壓低於一大氣壓），一邊旋轉一邊加熱。

這個裝置會將溶液中的溶媒蒸散，於是燒瓶中便只留下生成物。

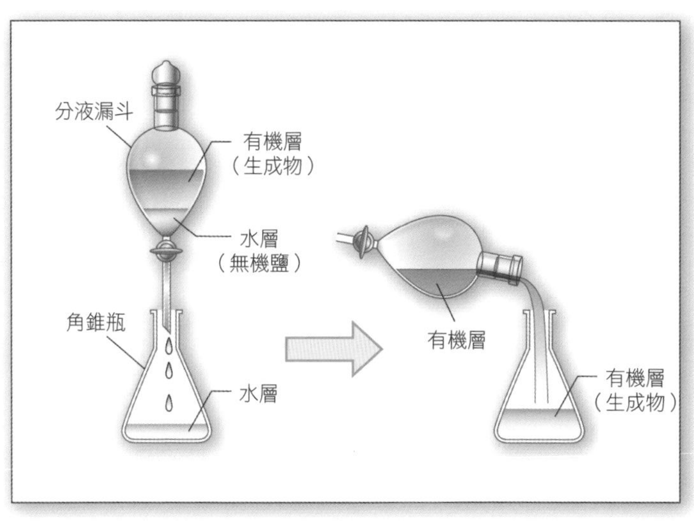

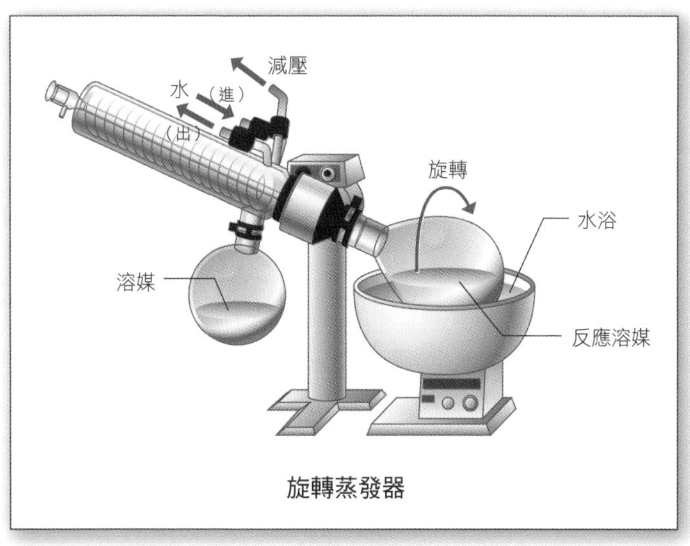

旋轉蒸發器

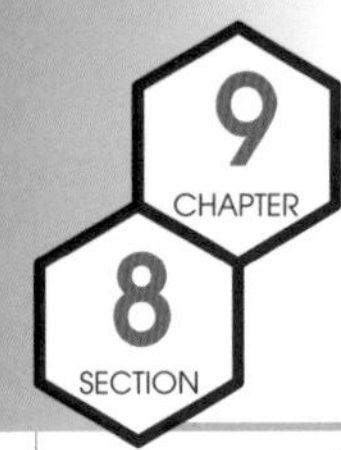

生成物的分離——蒸餾

剛從反應溶液萃取出來的生成物，通常都混雜了許多雜質。想要從其中提取純粹的生成物，還需要重複進行各種分離操作。

大多數的化學實驗，最花時間的部分都在於分離操作上。反應時間一小時，分離操作一星期，一點都不奇怪。其中一種分離操作就是**蒸餾**。

① 裝置

蒸餾是藉由液體混合物沸點不同，來進行分離的操作方式。基本蒸餾裝置如右圖所示。

將裝有混合液體的**水滴型燒瓶**連接在蒸餾塔上。水滴型燒瓶與平底燒瓶不同，瓶口段的連接處沒有明顯分隔，所以比較容易取出內部的固態物，也比較容易清洗。有機化學實驗就經常使用梨型燒瓶。

蒸餾塔上部裝有溫度計，途中連接冷卻器，冷卻器另一端則經由轉接器連接數個燒瓶。

② 操作

將裝有混合溶液的燒瓶放入油浴中加熱，如此一來，沸點最低的①會先蒸發。①的蒸發氣體上升至蒸餾塔，由溫度計標出沸點，然後進入冷卻器，被冷卻為液體。之後從冷卻器流向容器燒瓶①。

實驗者要監視溫度計。在溫度維持一定的狀態下，①會持續蒸發。當成份①蒸發結束，不再產生氣體，溫度就會下降。此時旋轉容器的連接點，更換至容器②。

接著提高油浴溫度，那麼沸點第二低的成份②就會成為氣體，再被冷卻器冷卻為液體，流入容器②中。

反覆進行以上操作，混合物就會因為沸點不同而分離。通常目標生成物的沸點較高，所以要將系統減壓，降低沸點。這種蒸餾稱為**減壓蒸餾**。

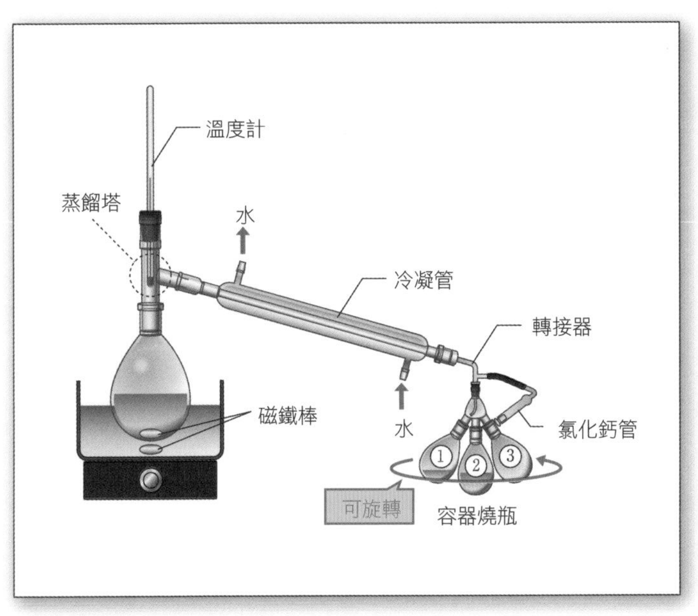

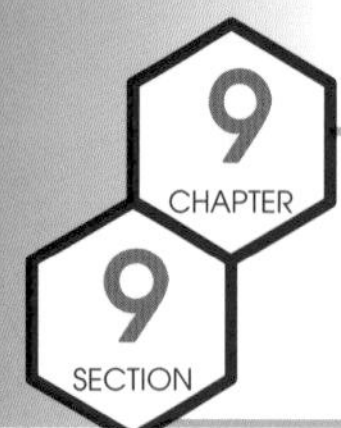

生成物的分離——層析

分離混合物的手段五花八門，例如萃取、蒸餾、昇華、再結晶等等。其中有一種萬用的分離手段，叫做**層析法**。層析法也有很多種，我們來看最基本的幾種。

① 濾紙色層分析法

最基礎的層析法，就是利用物質對紙張的吸附性不同來進行分離，名為**濾紙色層分析法**。

方法是將條狀濾紙下端浸泡在混合物液體中。濾紙要放入容器內，濾紙底部約一公分浸泡於適當溶媒中（展開溶媒）。

溶媒會因為毛細現象而往濾紙上滲透，此時比較不容易被濾紙吸附的成份，會隨著溶媒上升到濾紙上段。容易被吸付的成份會留在濾紙下段。於是混合物會因為對濾紙吸付性的不同，而被分離開來。

要萃取不同成份的時候，只要裁下該部分的濾紙，浸泡在適當的溶媒中，就可以溶出濾紙上的成份。

② 管柱層析法

管柱層析法可以說是大規模的濾紙色層分析法。

在管柱中裝入適當的吸附物質（鋁凝膠 Al_2O_3、矽凝膠 SiO_2 等等），然後從管柱上方滲入混合液體。只要從上方流入適當溶媒，溶媒就會吸付物質，並可貯存在下方容器中。

此時混合物也會跟著溶媒慢慢下降，但是不同物質與吸附劑的親和力不同，所以會被吸付劑分離出來。被分離

出來的成份從管柱下方流出時，只要使用不同容器盛裝，就可以分離各種成份。

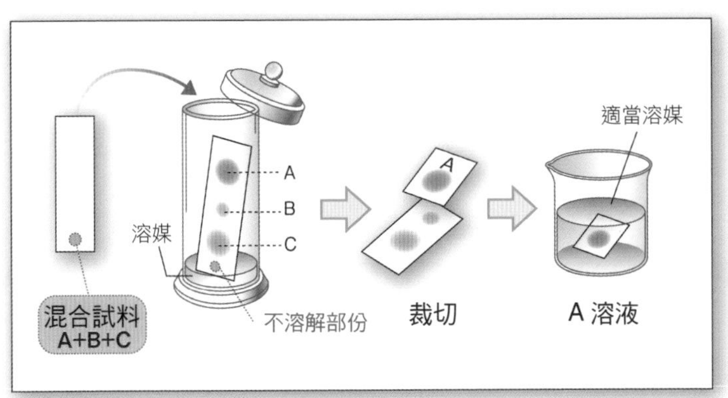

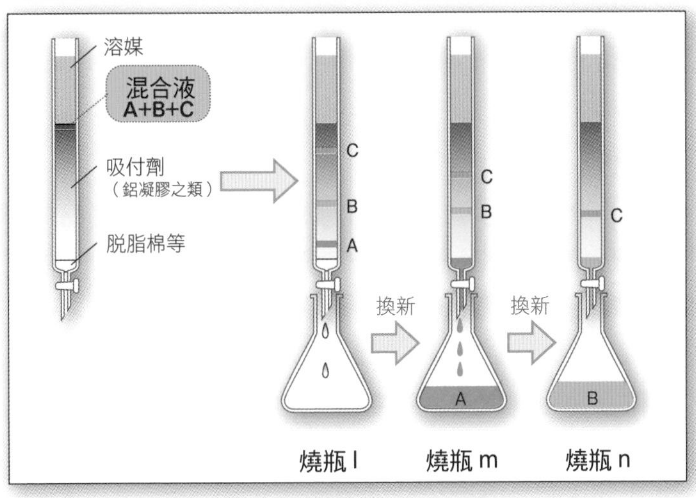

生成物的分離——再結晶

提煉結晶性物質，使其純度更高，這種動作稱為**再結晶**。

① 原理

再結晶，是利用固體溶解程度隨溫度變化，所進行的分離操作。

通常溫度愈高，固體溶解度愈大。假設結晶 A 對溶媒 B 的溶解度如右圖所示，那麼在 80℃的時候，物質 A 對 100g 的溶媒 B 可溶解 100g，但是 20℃則只能溶解 10g。

所以在 80℃的溫度下調配出飽和溶液，再冷卻到 20 度，就會有 90g 的 A 無法溶解而析出。這就是再結晶的基本原理。

② 實驗*

將 100g 不純的物質 A 溶解在 100g、80℃的溶媒 B 中，調配出飽和溶液。若將此溶液放涼到 20℃，溶媒可溶解的物質 A 會減少到 10g，剩下的 90g 就會變成結晶析出。

原本雜質的濃度就不高，即使溫度降到 20 度也不會飽和，自然不會析出。所以析出的結晶 A 純度就很高。反覆進行這樣的操作，就能得到精純的 A。

接著可以用漏斗、篩子、濾紙、濾瓶等適當的過濾裝置，進行篩選。

*一般做實驗時不用 100g 這麼大的量。

③ 熔點測量

熔點測量可以用來了解結晶純度。在單邊封閉的玻璃細管（長 5cm，內徑 0.5mm 左右）中，放入約 5mm 高的結晶 A，然後將玻璃管放入矽油浴中，安裝溫度計，以本生燈加熱矽油浴來測量熔點。

以一分鐘上升 3 度的增溫速度來加熱，從結晶開始熔解到熔解結束的溫度範圍，稱為**熔點範圍**。如果熔點範圍在 1℃以內，就視如純結晶。

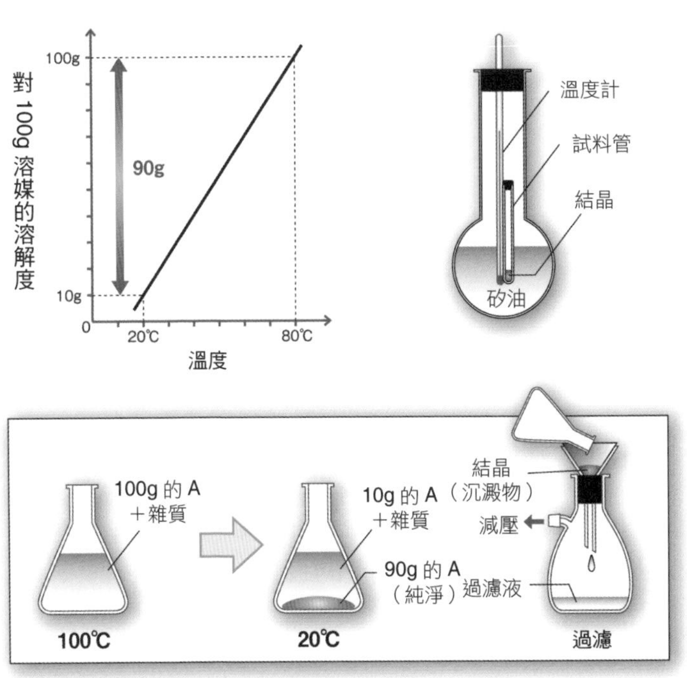

索　引

英文字母

一～三劃

四～五劃

六～七劃

八～十劃

十一～十二劃

十三～十四劃

十五～十六劃

十七劃～

國家圖書館出版品預行編目(CIP)資料

圖解高中生必學有機化學/齋藤勝裕作；李漢庭譯. -- 初版. -- 新北市：世茂出版有限公司, 2024.04
面； 公分. -- (科學視界；276)
ISBN 978-626-7446-01-0(平裝)

1.CST: 有機化學 2.CST: 中等教育

524.36 113000950

科學視界 276

圖解高中生必學有機化學

作　　者／齋藤勝裕
譯　　者／李漢庭
主　　編／楊鈺儀
封面設計／林芷伊
出 版 者／世茂出版有限公司
地　　址／（231）新北市新店區民生路 19 號 5 樓
電　　話／（02）2218-3277
傳　　真／（02）2218-3239（訂書專線）
劃撥帳號／ 19911841
戶　　名／世茂出版有限公司
　　　　　單次郵購總金額未滿 500 元（含），請加 80 元掛號費
酷 書 網／ www.coolbooks.com.tw
排版製版／辰皓國際出版製作有限公司
初版一刷／ 2024 年 4 月

ISBN：978-626-7446-01-0
定　　價／ 380 元